Vittorio Feltri

RITRATTI DI CAMPIONI

Cronache di un giornalista tifoso

MONDADORI

Dello stesso autore
in edizione Mondadori

Non abbiamo abbastanza paura
Chiamiamoli ladri
Il borghese
L'irriverente
Una Repubblica senza patria (con Gennaro Sangiuliano)
Il Quarto Reich (con Gennaro Sangiuliano)
Il vero cafone (con Massimiliano Parente)

librimondadori.it

Ritratti di campioni
di Vittorio Feltri

ISBN 978-88-04-73060-6

Published by arrangement with Delia Agenzia Letteraria

I edizione settembre 2020

Indice

Ritratti di campioni

Introduzione

Le verità ci capita di dirle per distrazione. Sono un po' come le invenzioni raccontate dai loro autori. Studi e poi ancora studi. Analisi ed esperimenti. Infine ti appare la formula chiara, semplice e ovvia mentre osservi la mela cadere dall'albero. Questi racconti di sport e ritratti di campioni sono nati senza l'idea di ricavarne il succo del Made in Italy o di chissà quali caratteristiche vincenti dello spirito italico che si afferma nel mondo. Figuriamoci. Non avevo alcuna necessità interiore di esprimermi sul tema. Sapendomi però innamorato di calcio, ciclismo, scherma, equitazione e soprattutto degli uomini e delle donne che ne sono le gemme, l'amico Xavier Jacobelli, direttore di «Tuttosport», mi ha invitato a confezionare una serie di quadri a mezzo busto su questi tesori umani del nostro Paese. Faccio troppa fatica a dire di no con chi è insistente, preferisco cedere.

I primi nomi li ha suggeriti Xavier. Ci ho preso gusto. Sono affiorati ricordi ed emozioni. Ero convinto sarebbero durati un giorno, com'è destino degli articoli di quotidiano. Invece Enzo D'Elia se li era ritagliati, e li ha disposti come una galleria di quadri su una parete. Dice che ispirano voglia di combattere, di vincere. Costituiscono ciascuno in sé e tutti nell'insieme la cronaca di un viaggio tra gli italiani che più possono insegnarci con le loro virtù a non soccombere, anzi a salire sul podio nella competizione internazionale che, dopo la pandemia, sarà durissima. E chi più di Felice Gimondi o Valentina Vezzali può essere il gonfaloniere di questa riscossa? Nessuno. Vale per me. Provo a spiegarmi.

Nella noia della vita, ma specie quando essa si fa drammatica, lo sport è rifugio e forza. Non ho mai concepito l'attività sportiva da praticare o da godere quale spettatore come un relax o un rimedio allo stress. Confesso di non credere che l'esistenza abbia un senso, talvolta in essa mi sento un ospite indesiderato. Avverto un'antipatia reciproca. Quando questo sentimento si fa acuto scatta la voglia di fuggirmene, salendo in sella a un cavallo e galoppando via con lui. Fino a vent'anni fa non era una metafora. Lo facevo sul serio. Il cavallo non si pone la questione del senso della vita. Se la gioca per far contento chi ne tiene le redini e lo accarezza, è generoso, tirerebbe via fino alla morte, non misura le forze. Ma questa del cavallo e di me quando lo assecondo nel suo istinto irrefrenabile non è fuga dalla vita. È l'unico modo serio di intenderla. Giocarsela come una sfida. Sfidarla come un gioco. E lo sport è questo, e i campioni sono per me maestri di vita vera. Resto sul cavallo: eleganza e forza non sono scindibili nel galoppo, trotto, salto di meravigliosa bestia divina. Così come il gesto atletico rabbioso di un Christian Vieri e la bracciata poderosa di Federica Pellegrini. Eleganza epica fino a essere disposti a crepare, come fanno i cavalli nella corsa, perché o così è la vita o che vita è?

Confesso di essermi riconosciuto, sin da ragazzo, nella prosa di Gianni Brera, e nella sua maniera unica di raccontare lo sport, ogni sport. Con la sua Olivetti 62 rossa l'ha posto al centro di «El Gran Teatro del Mundo», come lui lo chiamava citando Pedro Calderón de la Barca. Impossibile ridurre alle sue componenti visibili e meccaniche il gesto atletico e poetico del lanciatore del giavellotto, con la sua possente spallata, e quello infelice del terzino zoppo, che sbirolando la palla uccellò il suo stesso portiere. Non a caso egli definì il calcio «un mistero agonistico», accostabile solo con le categorie del mito e della religione (la divina Eupalla, la

Nemesi, Laocoonte, Ulisse). Ricordo di aver letto, non so più dove, della etimologia non so se autentica o romantica che Gioanbrerafucarlo riferì alla parola «sport». Traspare meglio dallo spagnolo, dove sport si dice «deporte», andar fuori dal porto. Lo sport è levare le ancore, andare al largo, ancora più al largo, oltrepassare i limiti della pretesa normalità, a costo di rompersi le ossa e romperle, svirgolando ignobilmente o spostando l'asse su cui ruota il mondo. L'epica è questa, e trascende la filosofia. È il contrario della «distrazione» e del «divertimento» (che significa evitare le questioni essenziali, ed è un fuggire nel sogno per scansare le buche della vita). Un Gigirriva, detto «Re Brenno» o «Rombo di Tuono», ne è eroe prediletto. Il fuoriclasse del football si pone senza menarla troppo le stesse domande del «pastore errante dell'Asia» al quale Leopardi fa chiedere che cosa ci faccia la Luna lassù, ma non se ne sta fermo meditabondo al punto interrogativo. A differenza del conduttore di ovini, l'attaccante di Leggiuno cerca di arrampicarsi con la scarpetta bullonata per usare la Luna come proiettile di una rovesciata.

E può essere capolavoro oppure ciabattata, ma la vita consiste in questo eterno contendersi la palla, deliziando o scassando caviglie; oppure salendo e crollando sul Mont Ventoux. E le imprese sportive sono quelle che danno il nome vero alle persone. E così per Brera, il Gimondi di Sedrina, Val Brembana, finalmente vittorioso al campionato mondiale di Barcellona, diventa Felix de Mondi, e il mediano Lele Oriali, irrefrenabile, spumeggia perenne come il Piper, lo sciampagnino.

A proposito di etimologia. Visto che nel libro si parla di campioni Made in Italy cito l'origine del nome, secondo Brera. Lo faccio per completezza dell'informazione: «Solo Enea si è salvato [tra i Troiani] perché, forse, aveva tradito. Poi è venuto in Italia sua patria ideale (Italia significa madre dei vitelli: *ciapa su e porta a ca'*)». Non c'è qui antitalianità, ma il modo molto italiano di sentirsi fratelli: nella differenza espressa in maniera rusticana. Gioan Brera, uomo della pianura lombarda dei fontanili, era orgoglioso delle caratteristiche genetiche e culturali dei «terragni bassaioli». Indossava questi panni e si univa così al caleidoscopio italico, partecipava al Made in Italy, amando e sostenendo la Nazionale azzurra, senza smettere di essere se stesso nel preferire quella mezzala a quell'altra. Mai rinunciando al tifo che egli non nascondeva per la Beneamata Inter, mascherandosi qualche volta dietro le insegne del Genoa per confondere le acque. Nel mio piccolo non posso, per onestà verso i lettori, rinunciare a dichiararmi sposato con l'Atalanta e amante della Fiorentina. Altro che giornalismo sportivo anodino e sopra le parti. Nel giornalismo come nello sport si versa tutto se stessi. Con lealtà, ma anche con qualche carogneria, sempre però scoprendo il fianco ai colpi dell'avversario, se è capace di tirare di scherma, e restando feriti sul serio. Se no, non sarebbe un gioco ma un giochino.

Non si gusta nulla però se non si è leali, sollevandoci sopra la faziosità, ammirando la bellezza e l'umanità dell'avversario. Come Omero, che tifava Grecia ma seppe vedere in Ettore sconfitto da Achille un eroe.

Questa idea dello sport (e di giornalismo) mi divide da chi tratta le vicende da calcio d'angolo o da cronoscalata al Tour come un pretesto per farci due risate. Alludo alle telecronache, con la pretesa non dichiarata di situarsi sopra il tappeto verde, affacciandosi come angioletti ridanciani sui drammi dell'agonismo. Ne sono stati inventori e tuttora inarrivabili specialisti i simpatici buffoni (uso il termine in senso nobile) della Gialappa's Band. Sulla politica va bene, ma sul calcio e sui gol e autogol mi cascano sottoterra. Bisogna saper sorridere di tutto, ovvio. L'ironia è una componente persino dei drammi shakespeariani, figuriamoci se è da respingere quando ci si accosta alla papera di un portiere o alla ricerca di un cespuglio dietro cui il maratoneta non fa in tempo ad appartarsi. Ma anche questi particolari su cui è facile scherzare appartengono a qualcosa di molto serio.

Iddio e il calcio, che ne è figlio prediletto, per il tramite della dea Eupalla, talvolta meritano maledizioni da Capaneo all'inferno. La bestemmia ci sta. Beninteso ricordando che le bestemmie sono «aspre invocazioni a Dio» (sempre Brera).

Ma guai al nichilismo da aperitivo di chi trasforma tutto in uno spettacolino di fantasmi senza carne né sangue, con battutine da passeggiata con le infradito.

Così ritengo poco consono, forse diseducativo, la diffusione dei tornei calcistici da computer, dove alla fine tutto è regolato da algoritmi sempre più simili alla realtà della vita. Manca proprio quel millesimo di millimetro per essere davvero reali; ma in quell'infinitesimo c'è l'essenza senza cui lo sport sarebbe un sacco vuoto pieno di niente. Nei vari tornei cibernetici gli sfidanti virtuali credono di essere campioni come chi calca l'erba, ma ignorano che il rotolare della palla non obbedisce solo alle leggi della fisica, ma assorbe anche la storia dei popoli, con i dolori sentimentali dell'ala destra, con il rigurgito psichico dell'arbitro, e la spinta invisibile di qualche musa incazzata.

La formula della vita non sta nella legge della relatività di Einstein ma nello stupore per il salto completamente innaturale di Michael Jordan e per il balzo di Cristiano Ronaldo che svillaneggia la legge di gravità e per un tocco di Lionello Messi che ridicolizza il principio dell'impenetrabilità dei corpi. Per questo la gente si dedica in campo e nei bar e sul divano del tinello allo sport. Non è una buccia futile, ma polpa e midollo della vita. Suscita emozioni profonde, dimostra che l'uomo e l'intero universo non si esauriscono negli schemi razionali e nelle parole precotte. Il fondo delle cose si palesa sul volto nero di carbone di un ciclista in fuga nella Parigi-Roubaix: vi scorgiamo l'umanità dell'uomo. E nel volteggio di una ginnasta adolescente sorprendiamo il candore della giovinezza. Nello sport c'è dentro la durezza e la bellezza, lo scontro e l'abbraccio, la vita e la morte, simboleggiati dalla vittoria e dalla sconfitta. Nello sport come nella vita non ci sono piccole o grandi parti, ma piccoli o grandi attori. In questo libro troverete grandi attori, e se non vi risulteranno tali, date pure la colpa a me.

P.S. Felice Gimondi è mancato pochi giorni dopo il ritratto che gli dedicai. Gli dedico questo libro. Vorrei tanto essere come lui. Vincente anche nelle sconfitte.

Antonio Percassi

Antonio Percassi non se la tira da divo, odia la mondanità, eppure è un padreterno che, pur passando inosservato, domina la scena da dietro le quinte. D'altronde non solo è bergamasco, quindi schivo e addirittura scontroso, ma si porta sulle forti spalle l'aggravante di essere nato a Clusone, in Valseriana, aspra come il carattere dei suoi abitanti che parlano un dialetto talmente incomprensibile ai forestieri da non sembrare di ceppo indoeuropeo. L'uomo, grande imprenditore, merita di essere raccontato attraverso le sue mirabili opere.

Figlio di un modesto costruttore di case, Antonio (Tone) mentre studia da geometra con profitto (si diploma in fretta) sfoga la sua passione per il calcio, giocando nei ragazzi dell'Atalanta, da cui una domenica fu prelevato e buttato in prima squadra. Aveva 18 anni. Il suo fu un esordio felice. La partita allo stadio comunale, ora Azzurri d'Italia, contro il Bari terminò 0 a 0. L'avversario diretto del debuttante non toccò palla e il giovincello di Clusone si spalancò le porte al professionismo.

Nell'ambiente, pur cambiando club, rimase per alcuni anni con alterne fortune. Parliamoci chiaro. Percassi col pallone tra i piedi non era un fenomeno. Se la cavava perché era intelligente e sapeva stare in campo con autorità. Non aveva una tecnica sopraffina, però la grinta e il senso della posizione non gli mancavano di certo. A un dato momento, nel fiore degli anni (26), si ruppe le scatole di sudare marcando attaccanti, si ritirò prematuramente dall'agonismo e si annidò nell'azienda paterna con l'intento di incrementarne gli affari. La iniziale esperienza dietro la scrivania non fu delle migliori. Ma dagli errori si impara a non commetterne. Egli non sbagliò più un colpo. L'attività di famiglia, grazie all'entusiasmo e alla sagacia di Antonio, crebbe a dismisura diventando un colosso in ambito edile. A missione compiuta, l'ex difensore non si adagiò nella bambagia, bensì si lanciò in altre imprese che ingigantirono l'impero. I migliori marchi di abbigliamento entrarono nel suo recinto commerciale, idem quelli della cosmesi. La famosa Kiko, per citare un caso, si è sviluppata nelle mani di Antonio. Il quale, mai domo, realizzò il supermercato numero uno d'Europa, l'Orio Center. Non si tratta di robetta. Sorvoliamo sulle restaurazioni di immobili, le più corrette e affascinanti di Bergamo e provincia: i palazzi e le ville da lui sistemati sono autentici gioielli e hanno suscitato ammirazione.

Comunque il capolavoro è stato l'Atalanta, di cui si è preso cura alcuni anni orsono, dopo un esperimento precedente finito né bene né male. Da quando al timone della società c'è lui, i trionfi si succedono a ritmo incalzante. E ciò è noto a chiunque segua il calcio. I nerazzurri, pur agendo in provincia, recitano un ruolo importante nel campionato. Le loro prestazioni spesso sono incantevoli. Infatti i risultati che conseguono gli orobici fanno venire i brividi in patria e all'estero. Siamo di fronte a un miracolo. Un vivaio esemplare, che sforna talenti a ripetizione, una gestione manageriale perfetta, bilanci in ragguardevole attivo.

La lungimiranza del Tone lascia a bocca aperta. Mi domando dove e come abbia imparato a stravincere in ambito economico e in quello sportivo. Nel 2017 la Dea ha realizzato un utile di 27 milioni di euro. Si è comprata lo stadio e si accinge a ricostruirlo. E pensare che se conosci Percassi non immagini che sia un portento. Ha l'aspetto e i modi di una persona qualunque. Egli non è uno smargiasso. Poche parole gli escono dalla bocca. Quando abbiamo pranzato insieme, avrà pronunciato sì e no tre frasi secche seppur cordiali. Egli stava in silenzio ma ascoltava con attenzione le bischerate dei commensali. Chissà cosa pensava, forse di essere al cospetto di quattro imbecilli.

Un giorno, nel 2000, mi convocò nel suo ufficio e mostrò interesse per il giornale che stavo per fondare, «Libero». Mi illusi che intendesse entrare in società con me. Sul più bello fece una rapida marcia indietro. Non si fidava di un pazzo come me, evidentemente. E qui sbagliò, perché il quotidiano si rivelò un buon affare. Peggio per lui e pure per me.

Antonio è una garanzia di durata e non solo di effimero successo. In un'altra circostanza fummo sul punto di collaborare. Desideravamo, lui, Tomaso Trussardi e io, acquistare un ristorante a Bergamo Alta, la Taverna del Colleoni, ma anche stavolta la trattativa si inceppò. Percassi, pignolo e guardingo, controllò ogni virgola e maturò la convinzione che non fosse il caso di procedere. Sottovoce mi disse: «Lasciamo perdere, non conviene». Di sicuro aveva ragione, ma mi sarebbe piaciuto lavorare con lui, implacabile in tutti i campi e non solo su quello erboso.

Oggi perfino nel calcio è il numero uno. Il valligiano rustico è troppo bravo. Ha sei figli, tra cui un ex calciatore che ora aiuta il papà. Secondo le statistiche, su sei eredi avere un coglione è fatale. Quelli di Antonio invece sono tutti in riga. Non può essere solo fortuna.

11 maggio 2018

Gianni Rivera

Io ho le prove che un grande calciatore, meglio se grandissimo, può mandare in gol chiunque, anche uno che tira di scherma. Questa è la storia che vi racconto questa settimana: il grande campione è Gianni Rivera, e quello che tirava di scherma sono io. Era il 1964, e Rivera era già Rivera: a 21 anni, era al Milan da quattro e faceva decine di gol a stagione, aveva già vinto uno scudetto e una Coppa dei Campioni. Caso volle che avessimo la stessa età, e venimmo chiamati per il servizio militare, al quale, stella o no, neppure lui poteva sfuggire. È accaduto anche al grande Elvis Presley e al meno grande Jovanotti. La fortuna fu che eravamo non solo coscritti, ma anche entrambi degli sportivi, lui «un pochino» di più; io ero iscritto alla Federazione italiana della scherma, e quindi venimmo mandati entrambi al Centro addestramento reclute di Orvieto, la caserma dove venivano ammucchiati gli sportivi. È lì che ci siamo conosciuti.

Rivera, in mimetica, era un giovane come tutti gli altri, una recluta tra le altre reclute, e a nessuno venne mai in mente di trattarlo con i guanti di velluto. Lui, come tutti noi, si adeguò al clima spartano e di prepotenze della vita da soldati in tempo di pace, tipico del militarismo degli anni Sessanta: la guerra era finita da meno di vent'anni e l'Italia cavalcava il miracolo economico, cercando di dimenticare che i problemi del Paese erano lontani dall'essere risolti.

In camerata dormivamo in dodici, Rivera era guardato con ammirazione e rispetto, ma lui, titolare fisso nel Milan, nei nostri confronti si comportava con modestia, da «dodicesimo»: fra noi regnavano quei sentimenti di amicizia e confidenza che si instaurano o in galera o in caserma, era il tempo in cui i rapporti veri rendevano sopportabile un ambiente per niente familiare. A questo proposito, vorrei distruggere una leggenda negativa che lo ha sempre perseguitato: Gianni non era un ragazzo per niente tirchio. Spesso, la sera, visto che a nessuno era permesso di uscire dalla caserma e il rancio faceva piuttosto schifo, ordinava dei polli arrosto, li faceva portare in camerata, e li divoravamo tutti insieme. Rispetto a noi, che eravamo perlopiù senza un quattrino, era un signore, era un grande del calcio e guadagnava molto: ogni volta pagava allegramente tutto lui, di buon grado.

Alcune sere, quindi, le si trascorreva mangiando pollo, ma in altre giocavamo a calcio: era il CAR degli atleti, i giocatori erano tanti, pieni di energia da sfogare, così improvvisavamo delle partite. C'era Vittorio Carioli, bergamasco come me, che giocava nell'Atalanta, era bravissimo ma nella vita fu sfortunato, morì di una malattia tremenda. Mi ricordo anche di Alberto Spelta, del Varese, un fuoriclasse.

Quando si organizzavano queste partite mancava sempre qualcuno per fare i ventidue, perciò a volte venivo reclutato anche io: Rivera giocava con leggerezza ma senza supponenza, mi passava la palla come se io fossi un giocatore «normale» e non uno schermidore che si trovava in mezzo a un campo di calcio, e la passava in modo meraviglioso, mi dava delle palle talmente facili da farmi sembrare un giocatore vero. Ricordo che feci perfino due gol: Rivera guardava e toccava il pallone, che passava senza che nessuno riuscisse a prenderlo e arrivava giusto sul mio piede. E a quel punto avevo solo da spingerlo in porta.

Era un gran divertimento: se stai facendo il soldato e stai tutto il giorno chiuso in caserma, quando finalmente c'è una partita si esplode di gioia. I giocatori della caserma erano tutti professionisti, ma nessuno di loro aveva verso di me un atteggiamento di sufficienza, anzi, si divertivano, perché noialtri, quelli che erano lì per fare numero, eravamo dei chiodi. Dopo un paio di mesi, finito l'addestramento, fui spedito al ministero, a non fare un cavolo; e tutti loro tornarono nelle rispettive squadre.

Gianni Rivera è nato numero 10, ed è stato molto precoce, ha cominciato a giocare in Serie A a 15 anni, nell'Alessandria, che era una squadra abbastanza importante. Mostrò subito un talento straordinario, giocava di destro e di sinistro con la stessa facilità ed era un mostro di bravura quanto a visione di gioco e nella distribuzione dei passaggi, in particolare da centrocampo in su. Fu logico, quindi, che l'anno successivo, nel 1960, finisse in una grande squadra: fu preso dal Milan e la sua carriera decollò. Rimase in rossonero 19 anni, fino all'addio. Esordì subito nelle Nazionali giovanili e due anni dopo approdò in Nazionale A, dove segnò 60 gol e rimase inamovibile per 12 anni (a parte la discussa staffetta con Mazzola, ai Mondiali nel 1970, in cui comunque segnò il gol del 4-3 nella leggendaria semifinale contro la Germania Ovest, passata alla storia come «la partita del secolo»).

Il suo palmarès lo pone fra i calciatori più grandi di ogni tempo: tre scudetti, due coppe dei Campioni, un Campionato europeo nel 1968, vicecampione del mondo nel 1970, 128 reti e zero espulsioni in Serie A.

Rivera smise di giocare nel 1979, fu vicepresidente del Milan fino al 1986, anno in cui la società venne acquisita da Silvio Berlusconi, che non lo confermò perché lo considerava un contestatore, e Berlusconi dei contestatori si libera in fretta.

L'anno dopo Rivera scelse di correre per diventare parlamentare. Io all'epoca lavoravo al «Corriere della Sera», e un giorno ricevetti una telefonata da Padre Eligio, un frate che aveva la funzione di consigliere spirituale del Milan. Padre Eligio era molto amico di Rivera, aveva fondato il primo «telefono amico» e la prima comunità di recupero per tossicodipendenti, sulla quale, inviato dal giornale, scrissi un reportage. Cominciò allora la nostra amicizia, e in quella telefonata Padre Eligio mi chiese di aiutare Rivera, che era stato un suo fedele. Ci trovammo in un ristorante e stabilimmo il da farsi. E io scrissi qualche articolo in cui descrivevo con favore l'ipotesi che Rivera diventasse parlamentare. Quando infine venne eletto nelle file della Democrazia Cristiana, mi ringraziò.

Dopo molti anni, nel 2015, scrisse un bellissimo libro sulla sua vita: *Gianni Rivera ieri e oggi. Autobiografia di un campione.* Quando il libro venne presentato alla trasmissione televisiva «Domenica In», venni intervistato, come testimonial. Mi raccontarono poi che Rivera, ascoltando le mie parole di ammirazione, di rispetto e i racconti sulla nostra vita e sulla sua generosità quando eravamo chiusi nella caserma di Orvieto, si sia commosso.

Oggi di Gianni Rivera non si parla quasi più, ma nella memoria dei milanisti e degli italiani lui e quel suo incredibile gol ai supplementari, nei Mondiali del '70, rimangono un simbolo della capacità italiana di reagire, di sovvertire i pronostici: un ragazzo di 1,76 per 70 chili che entra in area, si guarda in giro, tira, il portiere esce dal video e la palla entra in porta.

Gianni Rivera è stato un eroe gentile: era detto «golden boy», ragazzo d'oro, ma Gianni Brera, che pure ammirandolo gli rimproverava di essere poco virile in campo, ne colse il suo tratto più caratteristico chiamandolo «abatino»: perché sembrava giocare in punta di piedi, leggero, mai falloso, mai irruento. Danzava con il pallone, quasi non calpestava il prato del campo di gioco. In più, parlava poco, con l'erre moscia, e i suoi modi sono sempre stati contenuti ed eleganti. Solo Roberto Baggio può rivaleggiare con lui quanto a purezza della classe.

Ma il tempo cancella la fama, le prodezze, cancella tutto quello che hai fatto. E questo, a me almeno, provoca una profonda amarezza, perché il calcio è una metafora della vita, e per gli italiani lo è ancora di più: è una specie di simulazione della guerra, una guerra disarmata che appassiona, scalda gli animi, e certe imprese non si dimenticano mai. Oggi sono passati quasi 50 anni e l'oblio di quei tempi, diciamolo, eroici, è fatale. Ma noi che siamo appassionati di calcio e proviamo ancora un vago orgoglio per la nostra nazione, sia pure stemperato dai pasticci europei, continuiamo a considerare Rivera come un leggendario, epico esempio.

28 settembre 2018

Roberto Baggio

Purtroppo per me, ho conosciuto Roberto Baggio appena di sfuggita e ho parlato con lui una volta, brevemente e solo del più e del meno. Ne ricavai l'impressione che con il pallone fosse molto più a suo agio che con la conversazione, forse perché eravamo in aereo, forse perché con la testa era già in prepartita: gentile di aspetto e garbato nei modi, la voce bassa, il volto piccolo e affilato, gli occhi azzurri appuntiti e mai spalancati. Tutto tranne che un supereroe.

Eravamo in aereo perché si andava a Tallinn: il «Corriere» mi aveva inviato al seguito della Nazionale di Arrigo Sacchi, il 22 settembre 1993 avrebbe dovuto affrontare la partita di ritorno con l'Estonia, valida per le qualificazioni al Mondiale USA '94. L'era Baggio era al suo zenit, all'andata, l'aprile precedente, lui e Signori avevano regolato 2-0 gli estoni allo stadio di Trieste. Dopo le notti magiche di Italia '90, si sperava in un bel Mondiale, con qualche trepidazione. Era una Nazionale talentuosa e pasticciona, ma quei due piccoletti, là davanti, facevano impazzire tutte le difese.

Insomma, Baggio scese dall'aereo e la sera dopo ne fece due. Uno su rigore (chi avrebbe immaginato che, un anno dopo, in finale con il Brasile, proprio lui che aveva quel tocco dalle traiettorie inimmaginabili, sarebbe stato condannato alla dannazione della memoria per un tiro da fare dritto, l'ultimo rigore della finale Italia-Brasile?); e uno in tutto relax, lieve controllo con il ginocchio e destro a mezz'aria nell'angolo. Roberto Mancini ne fece un altro e tutti a casa contenti.

Roberto Baggio è forse l'ultimo calciatore italiano ad averci fatto impazzire. Di gioia e di rabbia. Ho idea che sia stato così grande proprio per tutto quello che non aveva: non aveva la prestanza bionica di Cristiano Ronaldo, né le doti sovrumane e la cialtroneria di Maradona; tantomeno le puntute geometrie di Michel Platini, portatore di un calcio così juventino, efficacissimo, magniloquente ma anche un po' avaro, distante, arrogante, insomma francese. Il quale definì Roby «non un numero dieci ma un nove e mezzo», senza spiegare del tutto se quella frase fosse una valutazione sulla posizione in campo di Baggio, a metà fra rifinitore e realizzatore, o un voto rispetto a se stesso, cioè «Le Roi», il re.

Fra tutti questi «non», ameremo sempre Roberto Baggio perché ha avvicinato la purezza assoluta del talento alla nostra altezza di umani mediocri: il genio sempre in bilico fra l'essere invincibile ed essere vinto. Le sue ginocchia erano già in briciole a 18 anni, l'andirivieni fra ospedali e ricostruzioni (anche se al limite del miracoloso) ne aveva minato l'autostima fin da subito, tanto da spingerlo a cercare rifugio e trovare la forza morale per rinascere e resistere nel buddismo Zen, abbracciato in giovane età. «Ho sempre avuto male. Se avessi dovuto scendere in campo solo quando non avevo male, avrei giocato tre partite all'anno» disse a un intervistatore. E invece alla fine della carriera, proseguita incredibilmente fino ai 37 anni, Baggio ha totalizzato 205 gol in Serie A, 27 in Nazionale, il terzo posto a Italia '90 e il secondo a USA '94, un Pallone d'Oro nel 1993, due scudetti, una Coppa Italia e una Coppa Uefa. Moltissimo, se si considera che il 99 per cento dei calciatori nelle sue condizioni fisiche abbandona a inizio carriera; poco, rispetto alla caratura della sua classe.

Roby Baggio è nato a Caldogno, un paesino alle porte di Vicenza fondato da un consigliere militare di Federico Barbarossa, è il sesto di otto figli in una famiglia appassionata di sport. È un bambino molto timido e sensibile, che scoppia in pianto quando passa l'ambulanza, ma ha la fissa del pallone. Quando comincia a giocare nella squadra locale, è tutto istinto e poca tecnica: manda nei matti gli avversari, disegnando quadrifogli intorno ai difensori prima di puntare la porta, e sbagliando anche dei gol pur di dribblare il ritorno del portiere già battuto. «Baggio è un asso rococò: mette il dribbling anche nel caffellatte» scriverà molti anni dopo Gianni Brera. È fortissimo, a 15 anni viene notato e subito prelevato dal Vicenza, che non lo può schierare in C1 prima che ne compia 16.

Esordisce con un gol su rigore. «Avevo solo un pensiero,» racconterà poi dei suoi anni giovanili «prendere la palla e andare dritto in porta.» Vince il Guerin d'oro come miglior calciatore della Serie C, ma in A lo hanno già visto tutti. La Fiorentina è la prima a metterci la mano sopra, per 2,8 miliardi, che nel 1985 son soldi.

All'ultima di campionato, contro il Rimini, scivola male e si rompe il crociato anteriore, la capsula, il menisco e il collaterale. Per uno normale sarebbe carriera finita. Invece la Fiorentina, che pure non ha ancora firmato niente, lo manda in Francia a operarsi e se lo tiene un anno in riabilitazione, senza giocare. E lo aspetta ugualmente quando, appena tornato in campo, si rompe di nuovo. Altri tempi.

Comincia così la loro storia d'amore, che lo porterà in Nazionale e a essere una stella di prima grandezza, fino alla «rapina», nel 1990, da parte della Juventus, come se a Firenze i bianconeri non fossero abbastanza odiati. Baggio cerca di resistere, poi cede e per anni passerà da traditore, ma la realtà è che la trattativa si era già chiusa sopra la sua testa molto tempo prima. Sono anni di successi ma anche di sofferenza. «Quando era alla Fiorentina era di Firenze, a Torino non è di nessuno» chiosa un commentatore. Gianni Agnelli, che di Baggio non capiva l'assenza di un piglio aggressivo, per intenderci, alla Gattuso o alla Ibrahimović, dopo le prime stentate partite di USA '94 lo chiama «coniglio bagnato». Lui tace. Le sue prodezze trascinano l'Italia alla finale e il suo rigore tirato in maniera sciagurata la butta via. Eccolo qua, genio e uomo normale, tutto in pochi giorni. Il commento: «Non so perché il mio tiro è finito lassù. Non sono riuscito a spiegarmelo. Ma è successo».

Per capire il carattere di Baggio, che mischia una segreta vanità (il codino che ne sarà sempre il marcatore estetico distintivo, la giocata a volte troppo raffinata) a una sincerità che lo ha portato a litigare praticamente con tutti i suoi allenatori, basta una manciata di secondi di Fiorentina-Juve del 6 aprile 1991. Roby si guadagna un rigore in un mare di fischi. Sembra andare sul dischetto, poi fa no con la testa, contro i viola non lo tiro, e lascia il posto a De Agostini (che se lo farà parare). Il tecnico di quell'anno, Gigi Maifredi, poco dopo lo manda negli spogliatoi. Mentre a testa bassa lui fa per uscire, lanciata dagli spalti gli cade davanti una sciarpa viola. Baggio la raccoglie e se la tiene in mano, senza metterla al collo e senza alzare la testa, fino a scomparire nel tunnel, mentre i fischi del Franchi si placano in un mormorio e qualche applauso.

Gli scricchiolii, dalle ginocchia ai rapporti con i tecnici, saranno la musica che accompagnerà tutta la carriera di Baggio, che non solo per il dribbling, ma anche umanamente è uno da spazi stretti: e infatti la sua ultima resurrezione, dopo essere passato per il Milan, porterà la firma di due squadre provinciali, il Bologna di Ulivieri, dove segnerà il suo record stagionale, 22 gol, e (dopo un paio d'anni all'Inter) il Brescia, dove incontrerà un allenatore alla giusta misura dell'uomo, Carletto Mazzone, una squadra non male – Pirlo, Guardiola, Toni, Di Biagio – e una città che lo tratta bene. Punta a tornare in Nazionale in tempo per il Mondiale di Giappone-Corea, ma il ginocchio lo tradisce di nuovo e Trapattoni non si fida di uno che torna in campo dopo soli 76 giorni, anche se firma subito una doppietta, così non lo convoca. Forse era meglio rischiare. Sposato e con tre figli, Roberto Baggio lascia il calcio giocato nel 2004 e la maglia numero 10 delle Rondinelle viene ritirata in suo onore. Il Brescia l'anno dopo scende in B.

12 ottobre 2018

Francesco Totti

Se c'è una cosa, in Francesco Totti, che ha sempre destato la mia ammirazione di appassionato di calcio, è come a lui sia riuscito di conquistare le mete più ambite avendo caratteristiche e comportamenti che sembrano l'opposto di quelli richiesti oggi per diventare un VIP. Totti ha avuto gloria, forse anche l'immortalità, denaro, una moglie bella e sagace, una famiglia unita, visibilità televisiva – e addirittura letteraria – che va molto oltre il pallone, e ha mostrato al mondo un personaggio le cui evidenze sembrano essere la timidezza, la semplicità di pensiero, un eloquio non indimenticabile. In realtà ha un'immagine vincente proprio perché, per natura o per intelligenza, ha incarnato nel pallone valori che vorremmo vedere intorno a noi nella vita non sportiva: fedeltà, coerenza, tenacia, capacità di comando in partita e di gestione della popolarità fuori dallo stadio.

Non che Francesco Totti non abbia il senso dello spettacolo, anzi. Perfino in campo. Ricordo il calcio nel sedere che diede a Balotelli dopo averlo inseguito per venti metri (rimediando un'ovvia espulsione) durante la finale di Coppa Italia del 2010, contro l'Inter del Triplete. Anni dopo raccontò divertito la sua versione in TV, davanti a Ranieri, che quell'anno era il tecnico della Roma: «Colpa del mister, mi ha fatto entrare a mezz'ora dalla fine, ero nervoso, poi con Balotelli c'era una vecchia ruggine, l'ho proprio puntato.

Se me faceva giocà, vincevamo due, tre a zero». A Balotelli avrebbe potuto fare un fallo normale, da calciatore, una gamba tesa, uno spintone, invece no: il calcio nel sedere, per essere sicuro che tutti capissero che non era uno scontro di gioco, ma che gli stava dando proprio del cretino.

Di rado si è visto un attaccante generoso come un difensore, figurarsi un genio con il numero 10 sulla maglia, combinazione che di solito in un giocatore non fa venire voglia di faticare e spalare palloni in retroguardia.

Totti invece correva in lungo e in largo, ma la sua predisposizione a ripiegare è un'altra faccia dell'abilità tattica, che univa alla tecnica personale, al senso del gol e dell'assist, alla balistica formidabile da lontano e sulle punizioni, ai movimenti imprevedibili.

E in effetti, anche la sua carriera, rispetto al nomadismo di tanti suoi colleghi di talento, è stata tutta alla Roma, ma partendo da un imprevisto: a 12 anni, infatti, rischiò di diventare laziale (e la storia sarebbe forse stata diversa), quando venne notato mentre giocava nei ragazzi della Lodigiani. Per strapparlo ai biancazzurri, il presidente giallorosso Dino Viola dovette convincere i genitori e mollare alla Lodigiani due calciatori e 300 milioni di lire.

Quanto al rapporto con i tecnici, la costante è che loro sono andati e lui è rimasto. Quelli che lo hanno capito di più sono stati gli allenatori pane e salame, già a partire dagli esordi, con Boškov e Mazzone. Si sa che i tecnici blasonati amano considerarsi il dodicesimo in campo e li innervosisce che un fuoriclasse possa oscurare i loro meriti: per questo parlano sempre di gruppo e talvolta arrivano all'estremo masochismo di emarginare o ingabbiare il migliore dei loro calciatori. Con Bianchi, Liedholm e Spalletti le cose non andarono benissimo, mentre Zeman, che arrivò alla Roma nel 1997, ne fece un vero numero 10. Il tecnico boemo aveva una marcia in più e, mentre lo convinceva a giocare al servizio dei suoi schemi, lo spinse a potenziare il fisico, gli insegnò a sacrificarsi per la «zona», a correre per tutto il campo e a prendersi la responsabilità di tenere per mano la squadra: «Ha un buon bagaglio tecnico, e come ragazzo mi aspettavo di peggio» commentò. Totti aveva realizzato il suo destino, e Fabio Capello, che prese il posto di Zeman, godette dell'eredità lasciatagli dal suo predecessore, cioè un campione ormai completo. Che da quell'anno cominciò a non voler essere più chiamato «Pupone», il soprannome che i romanisti gli avevano dato fin dalla prima ora.

È curioso come la storia di Totti porti con sé, involontariamente, anche una strana modernità «politica», sovranista e populista giallorossa: tutta la vita passata nella stessa squadra, solo la città di Roma nella testa e nel cuore, senza un ripensamento né una tentazione: «Quando una squadra straniera viene a giocare a Roma» disse «e prima i giocatori fanno il giro della città, je si alza l'indice de rosicamento: così in campo giocano più duro, fateci caso. È per colpa della bellezza dei nostri monumenti. Uno sgambetto per l'Altare della Patria. Un tackle in scivolata per la Domus Aurea. Un'entrata da dietro per le Catacombe di San Callisto». Ed è lo stesso, complice anche quel suo sembrare sempre leggermente a disagio, nel personaggio fuori dal campo: ricordate gli spot pubblicitari per Vodafone, in cui lui si fa compatire dalla moglie Ilary Blasi, e ha sul volto quella geniale espressione persa dell'uomo rassegnato che ha capito tutto e si arrende, che ricorda tanto il primo Alberto Sordi.

La parola di Totti a Roma, e questa cosa può succedere solo a Roma, è parola di una divinità terrena. In verità, i romani sono gente pratica, e nessuno di loro lo scambia davvero per un dio; ma per un piccolo dio sì, esattamente come duemila anni fa la città eterna era popolata da divinità minuscole che proteggevano la dimora, la famiglia, il lavoro, e giravano fra i giardini e le case. Totti, perfino ora che ha smesso di giocare, è l'ultima entità positiva vagante in quel casino in decadenza che è la capitale, un elemento unificatore, quasi identitario. A Rebibbia, un detenuto a fine pena (aveva preso tre anni) chiese di rimanere in carcere, minacciando il direttore di fare un tale casino, appena uscito, da farsi riportare dentro, solo per poter incontrare Totti, che si sarebbe recato in visita alla prigione capitolina una settimana dopo la data della sua scarcerazione. Qualche giorno dopo la vittoria dello scudetto (nel 2001, l'anno del «trio delle meraviglie» con Batistuta e Montella), migliaia di romani presero «in ostaggio» il ristorante del Testaccio dove Totti era a cena con degli amici («Lo sapeveno per voci de coridoio» raccontò a Fabio Fazio). Il capitano dovette fuggire con il favore del buio salendo al piano di sopra e scavalcando muretti, fino a finire, senza saperlo, in un convento di cappuccini. Sorpreso dalla torcia di un frate di guardia («Mo' me spara»), venne «liberato» e lasciato fuggire al prezzo di una fotografia insieme.

Sono costretto a vagare in maniera disordinata, quando parlo di Totti, perché il giocatore e l'uomo sono così connessi, che appena penso a una giocata mi viene in mente qualcos'altro. L'umorismo, per esempio. Chi altri ha tenuto allegramente a battesimo un libro sulle barzellette che lo riguardano? La lentezza, a volte le incertezze lessicali nel rispondere alle domande degli intervistatori e il suo vocabolario apparentemente povero rivelano tempi comici da cabaret e una capacità di sintesi identica al suo modo di giocare: una tipica giocata alla Totti risolveva l'azione in un metro, lasciando partire una palla perfetta trenta passi avanti, movimenti calcistici misurati al centimetro, come sul palco un grande attore di teatro.

La massima espressione del senso dell'umorismo nel calcio è il calcio di rigore tirato a cucchiaio: quando ha davanti uno bravo, il portiere, pensando che il tiro andrà a destra o a sinistra, battezza un angolo, che corrisponde al 50 per cento delle probabilità, e cerca di raggiungerlo prima che può. Ma il tiro a cucchiaio invece arriva in mezzo, lentissimo e con un effetto a ritroso, e passa la riga di porta all'altezza della pancia. Si può dire che è il contrappasso perfetto per i portieri che fanno linguacce, si agitano, aprono le braccia per deconcentrare l'avversario (vi ricordate il portiere del Liverpool Bruce Grobbelaar ai rigori nella finale di Coppa dei Campioni contro la Roma all'Olimpico, il 30 maggio 1984?). Totti, in realtà, lo faceva a chiunque, anche ai portieri che se ne stavano fermi e bravini, e a un certo punto ci aveva preso troppo gusto, così una volta uno non si mosse e la parò: era il 2005, la partita era Roma-Lecce e il portiere era Vincenzo Sicignano. Tutti abbiamo lezioni da imparare. Non posso dimenticare però che il suo capolavoro fu proprio un cucchiaio su azione, il 26 ottobre 2005, contro l'Inter, da fuori area, dopo essersi fatto palla al piede, saltando due avversari, metà del campo: San Siro si alzò in piedi tutto insieme ed esplose un unico applauso. Finì 2-3.

Se cominciassi a elencare tutti i passaggi della carriera infinita di Francesco Totti morireste di noia, ma i numeri stanno in poco spazio e non mentono, e alcuni ve li somministro: 307 gol con la Roma, 619 presenze in Serie A, 25 campionati giocati, un Mondiale (2006), uno scudetto, due Coppe Italia, due Supercoppe italiane, un Europeo Under 21, due volte giocatore dell'anno, una volta capocannoniere. Impegnato su vari fronti di beneficenza, ha adottato a distanza 11 ragazzi di Nairobi, che entreranno a fare parte della scuola calcio da lui fondata. E il libro sulla sua vita, *Un capitano*, scritto con Paolo Condò per Rizzoli, sta scalando le classifiche. I grandi campioni giocano anche da fermi.

1° novembre 2018

Gianfranco Zola

Quando il Signore mette nei piedi di un uomo tanto talento quanto ne ha dato a quelli di Gianfranco Zola, di solito, uno pensa che si fermi lì. E invece no: io ho conosciuto Zola mentre suonava il pianoforte. Ed era bravo anche con le mani. Eravamo in un ristorante milanese, uno di quelli che in una stanza, un po' perché fa arredamento un po' per le serate migliori, ha un pianoforte a coda, spesso chiuso ma sempre lustro. Quella sera, io che raramente resisto a mettere le dita sui tasti, perché in gioventù ho fatto un po' di pianobar, avevo cominciato a *paciugare* qualche nota quando Zola, evidentemente rasserenato di non poter far peggio di me, decise di prendere il mio posto e suonò... benissimo. Non lo dico per piaggeria nei suoi confronti né per ignoranza: riconosco di studiare poco e suonare male tanto quanto degli altri so ammettere il talento. E lui, là seduto davanti allo strumento senza aver mai preso una lezione di musica, aveva, in quelle mani, una grazia innata: un fuoriclasse delle estremità (tutte).

Per uno nato in un paesino di 7000 abitanti della provincia di Nuoro, Oliena, alla metà degli anni Sessanta, ritrovarsi a 30 anni a essere uno dei calciatori più amati non solo del calcio italiano ma anche di quello inglese, è quasi doveroso credersi un padreterno. E invece Zola era uno normale, lo sguardo teso come una frusta lanciata, l'accento cadenzato dei sardi (per nulla addolcito dagli anni passati all'estero) così diverso dalla corsa con cui scivolava in mezzo agli avversari.

Un periodico inglese, il «Sun», stilò qualche anno fa una classifica dei migliori piedi nella storia del calcio inglese, e dopo George Best (immortale numero 7 del Manchester United), in mezzo a sportivi come Paul Gascoigne (che il suo primo mister definì «un George Best senza cervello», e che a 15 anni decise di dedicarsi al calcio non per talento, ma perché credeva che fosse il modo più veloce per fare soldi; e non si può dire che avesse torto) ed Éric Cantona, c'è lui, sul secondo gradino del podio. Come mai? Meraviglioso su punizione, con un'incredibile visuale del campo e dei movimenti dei compagni, chirurgico negli assist, scappava via alla difesa con la palla appicciata ai piedi, tutto un divincolamento. A Moggi, che ancora scrive su «Libero», dobbiamo riconoscere di avere la vista lunga: fu lui a insistere per prenderlo al Napoli, comprandolo alla Torres per 800 milioni di lire, nel 1989. Così Zola è passato, in volo, dalla Serie C alla Serie A. Gli osservatori che l'avevano guardato giocare non erano stati particolarmente convinti: troppo basso, dicevano, non ha il fisico. Vero, forse, ma aveva tutto il resto: tecnica, potenza, velocità, carisma.

I partenopei, inoltre, ne avevano già uno, di piccoletto: Maradona, che appena arriva Zola gli dice: «Finalmente hanno comperato uno più basso di me». In realtà, Zola è alto 1,68 e stacca il Pibe di un centimetro. Il sardo guarda l'argentino giocare, i due brasiliani, Careca e Alemão, e diventa sempre più bravo. La prima stagione si chiude con lo scudetto e la Supercoppa italiana. Lui si impegna come non mai («Avevo 23 anni, arrivavo tardi alla Serie A» spiega Zola) e il 17 febbraio 1991 indossa la maglia numero 10, che Maradona gli consegnerà simbolicamente un mese dopo, a marzo, alla fine dell'ultima partita al San Paolo dell'argentino. «Non serve che il Napoli cerchi un mio sostituto, c'è già Gianfranco» dirà. Ma Zola, di nuovo, non fa una piega, tergiversa e la mette sul tecnico: «Io nasco attaccante, prima punta alla Nuorese, ma seconda pure mi va bene. Ho giocato anche trequartista, ma il 10 sulla schiena è più un marchio che un merito».

Nel 1993 passa al Parma: a Napoli gli dicono che è un traditore, ma lo dicono sempre quando uno se ne va. Bubbole: è stata la società a decidere di venderlo, per 13 miliardi di lire, ceduto per pagare i debiti. Fa splendidamente anche tra i gialloblù: una Coppa Uefa e una Supercoppa europea. Nel '96 si trova in mezzo a Scilla e Cariddi: cioè Hristo Stoićkov, il bulgaro Pallone d'Oro del '94 che occupa la sua stessa posizione in campo, e il mister, Carlo Ancelotti, ancora malato di Sacchismo. Ci sono anche Enrico Chiesa e Hernán Crespo, e Zola (nonostante la sua fosse l'unica faccia scelta per essere stampata sui biglietti della finale di Coppa Italia 1995 contro la Juventus) finisce in panchina. E un sardo puoi mandarlo al confino solo in Sardegna. Ma i colori marini gli donano e, dopo l'azzurro cielo dei napoletani, s'infila il blu oltremare del Chelsea. Gli inglesi non sono mica scemi, noi abbiamo davanti il lusso e lo snobbiamo, ma loro, che di come si regge un impero ne sanno qualcosa, guardavano all'Italia con l'acquolina in bocca: c'erano passati tutti i grandi, da Maradona a Platini, da Gullit a van Basten. Una sfilata di esemplari che fanno e insegnano ottimo calcio, e i britannici appena possono ci mettono le mani.

I tifosi dei Blues impazziscono per Zola come per gli spaghetti e il risotto, urlano il suo nome con quella strana «z» sibilante e strascicata, diventa «Magic Box», una scatola magica che tutte le volte che si apre è una sorpresa, lo eleggono il più grande talento straniero mai passato da Stamford Bridge, fioccano i paragoni con Pelé e Maradona («Marazola», lo chiamano, e «Zolinho»). Zola rimane per sette stagioni, fino al 2003. La regina Elisabetta lo nomina Ufficiale dell'Ordine dell'Impero britannico, la squadra ritira la sua maglia, numero 25. Gli italiani, il Parma, Ancelotti, sono troppo depressi per sopportarne la vista.

Non solo: nel 2002 segna uno dei gol più belli della storia. Partita di Coppa d'Inghilterra contro il Norwich, i Blues sono sesti in Premier League, il Norwich è là sotto, nella Serie B inglese. È calcio d'angolo per il Chelsea, Zola sta ai margini dell'area. Scatta verso il primo palo e intanto parte un cross quasi rasoterra. «Mi aspettavo una palla alta, e invece mi vedo arrivare addosso un pallone strano, a mezza altezza» dirà poi durante le interviste. Tocca la palla con il tacco del piede destro, un saltello senza pensare. Rete.

«*Nemo propheta in patria*» calza a pennello pure a lui. In Nazionale gli è sempre andata male. Nel '94 l'Italia è agli ottavi di finale del Mondiale contro la Nigeria, Zola viene inserito da Sacchi al posto di Signori, gioca insieme con Baggio. Entra ed esce. Espulso dopo nove minuti, per un fallo che non c'era. Arbitro cornuto, ma l'Italia passa ai quarti. Nel '96, agli Europei in panchina c'è ancora Sacchi. Italia-Germania: con lo 0 a 0 passano i tedeschi. Rigore per l'Italia, chi tira? Zola, lui non sbaglia mai. Ma stavolta sì, il portiere crucco Andreas Köpke glielo para, uno che in Germania dicevano che portava iella perché le squadre in cui giocava retrocedevano sempre. Una disperazione, come Baggio a USA '94. «Io avrei staccato la testa a uno che fallisce un rigore così» dice Zola del suo errore.

La verità è che la sua patria non è la penisola, ma l'isola. E lui a casa ci torna nel 2003, e a 37 anni suonati indossa i colori del Cagliari. La squadra è in Serie B, ma lui è un gentiluomo, non corre il pericolo di essere confuso per un poveraccio nemmeno con l'abito peggiore, ed è uno di quelli che riconoscono la dignità della fatica. «Sarei andato a giocare al Cagliari anche in C» dice, e l'anno successivo i sardi salgono in A. Romantico e praticissimo. In una partita contro la Juve nella sua ultima stagione da calciatore, il 2005, nell'area avversaria si vede Zola decollare tra Zebina e Thuram, i due difensori francesi, a un minuto dalla fine. Lui 1,68, loro dei manzi di 1,90. Segna di testa.

30 novembre 2018

Valentino Rossi

Per me, che sono uno che preferisce tenere i piedi per terra, o tutt'al più in macchina, Valentino Rossi è un doppio mistero. Il primo è un problema di fisica sperimentale: come accidenti fa a piegare tanto la moto senza finire lungo disteso? Il secondo è psicologico e di indole: mi chiedo che godimento ci sia nel correre come un pazzo su un aggeggio con due sole ruote, rischiando la morte (lui dice di non guardare mai le sue gare da fuori perché gli fa paura, mentre quando è sulla moto gli sembra tutto più lento, ma non ci scommetterei).

Da ragazzo ho avuto una Lambretta 125 e una Gilera Giubileo: le abbandonai senza remore a 18 anni in cambio di una Cinquecento. Non sono più andato in moto in vita mia.

Rossi compirà 40 anni il febbraio prossimo, è nato a Urbino ed è cresciuto a Tavullia, nelle Marche ma a soli trenta chilometri da Rimini: cioè dalla Romagna, una terra di operai tatuati in salopette da lavoro e cappellini con l'unghia, dove ogni strada è buona per «andare a fare le pieghe». La fissa per i motori, anche quella molto romagnola, gli viene da bambino: è il babbo Graziano – uno così genuino, mi hanno detto, che quando un giornalista va a trovarlo gli offre le giuggiole – a metterlo a sedere sui go-kart quando ha solo 6 anni, e lo fa passare alle minimoto quando ne ha una decina.

Graziano Rossi, pure lui pilota motociclistico tra gli anni Settanta e Ottanta, deve aver visto nel figlio la scintilla, e

l'ha alimentata finché non è divampata come una fiamma.
«Adesso le racconto una cosa» ricordo che disse il babbo in un'intervista. «1993, Circuito del Magione, un certo Valentino Rossi, anni 14 da Tavullia, debutta nel campionato esordienti su una Cagiva 125. Cade tre volte di fila. Dopo la terza caduta mi guarda come per dirmi: ma babbo, noi dobbiamo fare questo sport qui?»

A guardare i nove titoli mondiali che ha conquistato, cinque di questi consecutivi, tra il 2001 e il 2005 (è l'unico pilota nella storia ad aver vinto il Motomondiale in tutte le categorie, 125, 250, 500 e MotoGP), sfidare la forza di gravità e giocare con l'aerodinamica deve piacergli così tanto da rendere sopportabile le ammaccature delle cadute. E soprattutto, combatte con una vitalità portentosa, una potenza vulcanica, affronta tutte le gare come se fossero la corsa della vita, e ha sempre quel sorriso da Stregatto di Alice, che perda o che vinca (nel secondo caso, però, con le piume dei rivali che gli spuntano dalle fauci).

Un bravissimo collega di «Libero», uno cui piacciono gli sport «ma quelli veri», puntualizza lui, quando si parla di MotoGP, Formula 1 o di sport motoristici in generale, dice con disprezzo che sono «semplice viabilità». Non posso dire di non essere del tutto d'accordo, guardare le macchine che corrono è spesso una noia, soprattutto negli ultimi anni; le moto, però, da quando c'è Rossi, hanno maturato il raro potere di mettere insieme gli italiani sotto una sola bandiera, come quando la Nazionale giocava bene, o, meglio, come quando Alberto Tomba vinceva follemente e faceva mattane anche lontano dalla neve, e così lo sci finiva sulle prime pagine dei giornali, di fianco a Maradona.

Nel 1988, Olimpiadi invernali di Calgary, la RAI arrivò a interrompere la liturgia del Festival di Sanremo per trasmettere in diretta la seconda manche dello slalom speciale, che Tomba vinse. Ecco, con Rossi è uguale: vederlo correre è un'agonia, ti viene da essere scaramantico (e io non lo sono affatto), da girare la testa dall'altra parte per non guardare le sportellate, certi sorpassi. E intanto lui dà gas, fa quelle curve formidabili con il ginocchio a terra, con quell'incredibile sensibilità che gli permette di rimanere alla corda dove gli altri devono allargare, di trattare la moto come se fosse un'estensione delle sue gambe e di capire fino a che punto può sdraiarsi, stringere, spingere, deciso e composto: una souplesse quasi canzonatoria, una spavalderia che piace perché sembra gioiosa, infantile (in questo sì che Vale è lontano da Tomba, uno che salutava il pubblico prima ancora di aver tagliato il traguardo, con i pugni al cielo come i ciclisti che vincono in fuga).

In una disciplina così fredda come è il Motomondiale, piena di analfabeti emotivi, Valentino Rossi sembra coltissimo, e parla con una prosa talmente trasparente che non può non piacere a tutti. Inoltre, è uno che dell'avversario che lo batte spesso dice: «È stato più bravo di me», quasi contento di avere a che fare con uno forte.

È una star planetaria: ovunque corra lo seguono fiumane di tifosi, l'attore Brad Pitt ha dichiarato che farebbe volentieri a cambio con lui, «Quel ragazzo è un vero mago, è arte, per me guardarlo in azione è come leggere una poesia», Oscar Pistorius, il campione paralimpico sudafricano, lo mette tra i suoi idoli, e pure Michael Jordan, che è una leggenda del basket, è un fedele. Anche perché Rossi sembra davvero uno da bar sport, che sta bene a casa sua, a Tavullia, dove nei locali hanno affisso i cartelli LASCIATE STARE VALENTINO perché la gente eviti di chiedergli selfie e autografi (o forse perché lì il suo autografo ce l'hanno già tutti, e quindi che la smettano).

Sul finire degli anni Novanta, quando cominciò la rivalità tra Valentino Rossi e un altro campione longevo, Max Biaggi (anni dopo il pilota romano dirà: «Gli attriti passano e si va avanti, ma Valentino è stato per me, per anni, il mio Coppi e il mio Bartali»), all'estero la chiamavano «spaghetti duel», la sfida degli spaghetti. Il pesarese vince il suo primo Mondiale nel 1997, classe 125: per festeggiare la vittoria, al circuito del Mugello, fa il giro d'onore con una bambola gonfiabile, di quelle che si comprano nei sexy shop. La bambola ha una parrucca bionda e una maglietta con la scritta CLAUDIA SCHIFFER. Perché? Perché Biaggi in quel periodo aveva una relazione con la modella «opposta» alla Schiffer, Naomi Campbell, che riempiva le riviste di gossip, ma che alle gare non si vedeva mai: «Di Naomi si parla e si parla, ma intanto chi ha portato la top model sono io» disse Rossi davanti alle telecamere.

Non fu l'unica «trovata» del fenomeno di Tavullia: nel 1999, superato il traguardo, a Jerez, parcheggiò la sua Aprilia a bordo pista e corse nel bagno chimico dei commissari: «Avevo un bisogno, non potevo certo aspettare podio e interviste» scherzò lui. Prese una multa di 2000 franchi svizzeri, 2,5 milioni di vecchie lire. E poi, al Mugello, nel 2002: due finti vigili urbani, con tanto di paletta e divisa autentica del Comune di Pesaro, lo fermarono in pista dopo la vittoria e gli contestarono una contravvenzione per eccesso di velocità. La gag non venne capita subito dai tifosi: alcuni sfondarono le reti urlando «Lasciatelo andare!».

Nel 2003, dopo aver vinto il gran premio della Repubblica Ceca, si fece incatenare come un condannato ai lavori forzati, insieme con due ragazzi del suo fan club vestiti da carcerati, che spaccavano pietre con un piccone. Alle telecamere spiegò: «Sono condannato a vincere». Il senso dello spettacolo in mano a un selvaggio della velocità.

Quest'ultima infatti è una delle qualità che più apprezzo in Valentino: tratta la MotoGP come se fosse uno sport di contatto, come l'hockey o il football americano, corre in modo primitivo, come fosse al Palio di Siena, come i cowboy nelle praterie americane. Dopo uno scontro in gara con l'australiano Casey Stoner, altro fuoriclasse, durante la conferenza stampa, ai giornalisti che gli chiedevano se il loro battibecco non si stesse facendo un po' troppo pesante, Rossi disse: «Eh, va be', alla fine noi facciamo le corse con le moto», come a dire, ci sta che ci prendiamo a sportellate, non è tennis o briscola. E infatti qualche anno dopo, in un'intervista, si lamentò di quanto fosse diventata quasi leziosa la sua disciplina: «È il momento peggiore, perché le gare sono abbastanza brutte, anche se il livello è fantastico e le moto e i piloti velocissimi. Ma tutto è troppo perfetto».

Due cose abbiamo in comune, io e Valentino Rossi: la prima è l'amore per gli animali. Ho letto infatti che ha avuto dei bulldog per molto tempo, Cesare e Cecilia, morti a dieci giorni l'uno dall'altra. E che da qualche anno ha in casa, oltre al suo vecchio gatto Rossano, due golden retriever, Ulisse e Penelope, che Rossano sopporta ma non troppo. Poi, la seconda: parte della mia filosofia di vita è basata su San Culo, protettore della mia fortuna da tempo immemore, che mi ha permesso di arrivare dove sono e di fare quel che ho fatto. Insomma, nella vita puoi sudare e avere grandi idee, ma senza San Culo che ti tiene la mano sulla testa non vai da nessuna parte. L'unica cosa da avere presente, quando San Culo si palesa, è che bisogna essere pronti. Rossi parla invece delle «matte», i jolly delle carte: ogni tanto il destino te ne mette in mano qualcuna, a te sta sapere quando usarle, senza mai esagerare, i jolly rimangono sempre due per ogni mazzo.

7 dicembre 2018

Gianluca Vialli

Gianluca Vialli, nell'intervista da Fabio Fazio per presentare il suo libro *Goals. 98 storie + 1 per affrontare le sfide più difficili*, s'è schermito così: «Il libro è a cura di Pierdomenico Baccalario. Se non ci fosse stato lui…». Non è vero: Vialli è stato l'unico calciatore a non aver mai sbagliato un congiuntivo, ragiona e parla come un libro stampato. È di modi eleganti, commenta posato, prudente, un signorino. A Cremona gli dicevano che era «il figlio del miliardario», ma la madre, Maria Teresa, ha sempre risposto: «Siamo borghesi. Mio marito lavora e ha cinque figli grandi; come potrebbe essere ricco? Il modo di fare non dipende dai soldi, ma dalla tradizione di una famiglia della quale fanno parte ingegneri, professionisti e anche un rettore universitario». Eppure a Cremona, la villa dei Vialli la chiamano ancora Castello.

Ma lui, di certo, non se n'è mai approfittato. C'è gente che lavora, a Cremona, e che suda, facciano gli operai, i liutai o i calciatori. E Vialli, infatti, che abbandona la scuola a 16 anni per dedicarsi completamente al pallone (ma non aver conseguito la maturità gli stava sul gozzo e infatti ha poi preso il diploma di geometra nel 1993), nella Cremonese passa dalla Serie C1 alla B nel 1981 e dalla B alla A nel 1984.

Quando la stagione successiva passa alla Sampdoria, che non aveva mai vinto niente né a livello nazionale né tantomeno internazionale, con i blucerchiati Vialli vince, in otto anni, tre Coppe Italia, una Coppa delle Coppe, lo scudetto del 1991 e una Supercoppa di Lega. È pure uno fedele, perché al Berlusca che lo vorrebbe al Milan, in anni in cui al Berlusca non si dice di no – durante i Mondiali del Messico nel 1986 e dopo la finale di Coppa delle Coppe nel 1989 a Berna contro il Barcellona (alla Samp arriverebbero un fracco di soldi e lui incasserebbe un ingaggio da signore) – invece risponde proprio no: io rimango qui, dice, ho bisogno di un ambiente così, la mattina apro la finestra e vedo il mare: «E poi adesso la Samp è una grande squadra, hanno smesso di considerarci dei piccoli viziati (lo dicevano a proposito del ricchissimo presidente Mantovani) perennemente con la testa fra le nuvole. Voglio vincere qui, poi ci penserò».

E infatti vince tutto il possibile, tranne la finale di Coppa dei Campioni del 1992 contro il Barcellona, a Wembley, davanti a 70.827 spettatori (30.000 sono sampdoriani): Vialli ha due occasioni da gol e le sbaglia (*La notte nera di Vialli*, titolano i quotidiani la mattina dopo), esce al 100° minuto e al suo posto entra Renato Buso (preso come riserva di Vialli, appunto, e di Maldini), segna Ronald Koeman (difensore olandese trasformato in regista da Johan Cruijff, all'epoca allenatore del Barcellona), su calcio di punizione fischiato a nove minuti dal termine dei tempi supplementari. «Hai vinto tu» dirà Mancini all'arbitro tedesco Schmidhuber: la punizione era inesistente.

Erano i gemelli, Vialli e Mancini, la coppia della Sampd'oro, erano il manifesto di Vujadin Boškov, meraviglioso allenatore della Samp dall'86 al '92, un serbo con la faccia intagliata nel legno e una cartucciera di frasi definitive: «Rigore è quando arbitro lo dà», «La partita è finita quando arbitro fischia», «Io penso che per segnare bisogna tirare in porta», «Squadra che vince scudetto è quella che ha fatto più punti». Lapidario come la sua Samp '91 che chiude il girone di ritorno senza sconfitte: quando Ruud Gullit arrivò alla Samp, nel 1993, Boškov vedendolo, palla al piede e testa alta, mangiarsi un nugolo di avversari, disse: «Gullit è come cervo che esce di foresta». E quando tornò al Milan, un anno dopo: «Gullit è come cervo ritornato in foresta». Non fu tenero invece con Perdomo, che nella stagione 1989-90 giocava nel detestato Genoa: «Se io sciolgo il mio cane, lui gioca meglio di Perdomo»; poi cercò di scusarsi, o glielo imposero, ma non gli uscì benissimo: «Io non dire che Perdomo giocare come mio cane. Io dire che lui potere giocare a calcio solo in parco di mia villa con mio cane». Ecco, peggio.

Vialli dev'essere andato in fissa con le frasi e gli aforismi grazie al magistero di Boškov: ne ha riempito il libro, a ogni storia di grandi sportivi che racconta ha abbinato una frase motivazionale. La prima, che funziona, è «Le citazioni funzionano solo se tu funzioni».

Quando arriva alla Juventus nel 1992 – a Torino vincerà la Coppa Uefa, lo scudetto, la Coppa Italia, la Champions con Marcello Lippi nel 1996 contro l'Ajax – non lo accolgono subito con il tappeto rosso: Trapattoni, che due anni dopo se ne andrà in Germania al Bayern Monaco, è convinto che Vialli sia ormai finito, troppi infortuni, troppi errori, e con Baggio non s'incastra granché. Al posto dell'allenatore-totem milanese, arriva Marcello Lippi. «Nei primi due anni di Juventus ero "Brancaleone alle crociate" e non capivo. Ma come? Investi miliardi e poi mi fai allenare su un campo di patate, con poca assistenza e mi lasci da solo a preoccuparmi di tutto» confessò il calciatore. «Io ho bisogno di un profeta: se penso troppo mi faccio male, sono ossessivo, troppo perfezionista. E mi disperdo, mi deprimo. Io ho bisogno di pensare a giocare e basta. Ora lo faccio, ho attorno uno staff competente che decide per me. Il mio profeta è la Juventus e Lippi è l'uomo chiave.»

L'avvocato Giovanni Agnelli, che vede Vialli dopo il ritiro di Villar Perosa, dice a Lippi: «Scusa, ma questo Vialli quando è arrivato alla Juventus era grasso come un tacchino, adesso è magro, bello, corre e segna. Che cosa gli avete fatto?». E lo paragona a Gigi Riva. Sempre per rimanere sugli Agnelli: sono famose (o sono leggenda) le telefonate che l'avvocato faceva a Vialli tra le sei e le sette del mattino per cercare spiegazioni di quel gol là o di quel passaggio lì. Il calciatore obbligò le segretarie dell'Avvocato a mettere il suo nome in fondo alla lista delle chiamate: almeno il telefono squillava verso le otto.

Vialli, quando il Divin Codino se ne va, diventa capitano: «Fare il capitano della Juventus è una grandissima soddisfazione, ma anche una grande responsabilità,» dice «ci sono molti oneri, ma anche molti onori. La fascia ti impone di cercare di non essere criticabile, negli atteggiamenti e nel rendimento». E con Del Piero e Ravanelli porta la squadra in Champions League.

Gianni Brera nel 1992 scriveva di lui: «È il nostro attaccante numero uno», ma già nell'85, dopo la finale contro il Milan in Coppa Italia, lo chiamava Stradi-Vialli, perché veniva da Cremona, la città dei violini Stradivari. Nell'88, dopo la partita contro la Nazionale sovietica (il muro di Berlino era ancora su), scrisse: «Stradi-Vialli si abbatte come uno splendido berbero sgarrettato per delittuosa nequizia» e poi «Luca da Cremona entra nel Walhalla dei grandi cannonieri italiani, ultimo dei quali, nel tempo, è Luis Riva detto Rombo di Tuono».

Su di lui bisticciano Trapattoni e Sacchi: nel '92 uno lo vuole centrocampista, il secondo, allenatore degli Azzurri, solo centravanti («Faccia il centravanti e basta: a me non interessa che cominci l'azione e la prosegua» disse l'allora ct della Nazionale). Ma poi, a Malta, la partita che valeva le qualificazioni al Campionato del Mondo 1994 gira storta e l'idea di Trap non sembra più malaccio: Vialli meno bomber e più regista, lontano dalla porta, dietro la coppia Baggio e Ravanelli o Baggio e Casiraghi («Un Vialli più arretrato può consentirmi di schierare un altro attaccante quando le situazioni lo richiedano» risponde Trap a chi gli chiede perché abbiano investito 45 miliardi in uno che non va in gol e se vale la pena sacrificare a centrocampo un goleador). «Lui sa pressare, è intelligente, passa il pallone di prima, insomma è un centrocampista nato» dice l'allenatore della Juve. «Deve soltanto abituarsi al ruolo, Luca è d'accordo, tra noi il dialogo è chiaro.» In realtà Vialli, che non è più lo stesso Vialli, sta semplicemente zitto. E con il silenzio, arriva la decisione di andarsene al Chelsea.

Vialli ormai vive a Londra dal 1996 («La gente paga le tasse,» dice «si ferma alle strisce pedonali, fa la coda. C'è un equilibrio fantastico tra disciplina e libertà») e l'Italia gli va bene per le vacanze.

Il carattere non è cambiato: ha trattato la malattia che lo ha colpito al pancreas con la riservatezza di un lombardo e la responsabilità di un personaggio pubblico; dopo aver confessato di essere andato in giro con un maglione sotto la camicia per nascondere di aver perso 17 chili, oggi riesce persino a scherzarci: «Era impossibile tenerlo nascosto ai miei figli: scoreggiavo dalla mattina alla sera. Facevo delle scoregge record, sembravo un legionario».

Della sua guarigione parla di «approccio olistico», cioè il tutto è superiore alla somma delle sue parti: l'operazione, certo, e le cure, ma la parte spirituale e mentale, la forza del subconscio sono ciò che gli permette di non mollare mai. Io, l'approccio olistico, lo riferisco direttamente a lui: il Vialli essere umano è superiore al suo dribbling, ai gol di testa e alle rovesciate (come quel gol formidabile contro la Cremonese, 23 ottobre 1994), come il suo spirito di sacrificio è superiore al carisma, al fiuto per il gol, alla tecnica, alla potenza, alla rapidità. Caro Gianluca, per lei il mio tifo più forte e più affettuoso.

14 dicembre 2018

Paolo Maldini

Molto ha lottato Paolo Maldini, e molto ha vinto, questo eroe nazionale ancora prima che milanese: uno dei pochi diventato leggenda non spaccando le porte ma correndo dietro agli avversari; e non terrorizzando le loro gambe, come Romeo Benetti, ma a passo di danza. È uno sportivo monogamo, uno degli ultimi calciatori-tifosi, innamorati della maglia che indossano.

Gliel'hanno già detto in tanti che è stato uno dei migliori difensori del mondo e un grande capitano, responsabile, leale, modesto, dedito al suo mestiere e indipendente fino all'irritante. La solitudine che è la caratteristica di alcuni che arrivano per insegnarci come si fa, ma poi se non capite sono affari vostri. Eviterei di riprendere il termine abusato di eroe, se non fosse che su Maldini cade a fagiolo: semidivino nel senso greco antico della parola: mite all'apparenza, ma valente, saldo nelle sue idee, cioè la nobiltà di uno contro la pochezza dei tanti.

Ve lo ricordate lo stadio di San Siro tutto esaurito per la sua ultima partita, nel 2009, aveva 39 anni, con la Curva Sud che fischia e srotola striscioni che invocano Franco Baresi? Una porcheria. Il calcio non è uno sport per quelli perbene, né tantomeno per fighetti, ma è una roba per persone oneste. E i tifosi loggionisti fecero una figura ridicola.

Infatti, Maldini ha cominciato a farsi le spalle fin da ragazzino, con quel cognome non c'era da stare allegri. Figlio di Cesare, già simbolo del Milan anni Sessanta e poi allenatore rispettato, gli davano tutti del raccomandato. Ma bastava avere gli occhi, alla prima partita di Paolino in Serie A, per farsi passare i dubbi. Un freddissimo gennaio del 1985, il Milan è in trasferta a Udine e l'allenatore, Nils Liedholm, lo fa entrare al posto di Battistini. Paolo ha 16 anni e calza delle scarpe due numeri più piccole delle sue: non aveva con sé quelle con i tacchetti da ghiaccio e se le fa prestare da Ray Wilkins, un inglese alto 1,73, quindici centimetri meno del milanese. Liedholm era uno svedese che, prima di diventare ct, giocò al Milan dal 1949 al 1961. Era l'ultima sillaba di Gre-No-Li, il trio di fantastici attaccanti degli anni Cinquanta, Gunnar Gren, Gunnar Nordahl e il capitano Liedholm, detti anche «transiberiana» perché pronunciare i loro nomi era una fatica, che negli anni Cinquanta facevano meraviglie.

La carriera di Paolo Maldini, quarto di sei fratelli cresciuti nel capoluogo lombardo in zona Città Studi (andava a giocare all'oratorio di Santo Spirito), viene più facile definirla per ciò che non è stata: «Sono sempre stato sicuro di quel che non avrei fatto e quel che non avrei voluto essere» dice lui. Perfettamente coerente con l'antidivismo, la richiesta di discrezione: Maldini è stato uno che al 91° minuto tornava a fare il cittadino qualunque, dare tutto in campo, per avere in cambio una vita normale il resto.

Aver attraversato tre decenni di storia calcistica gli ha permesso di incontrare una quantità di campioni, tanti fuori dalla squadra e tanti che fecero grande il Milan: da Maradona («L'avversario più forte che abbia mai incontrato») a van Basten, Gullit, Franco Baresi, Agostino Di Bartolomei, il grande mancino di Tor Marancia, capitano della Roma, che tirava delle punizioni terrificanti e dritte e che, neanche quarantenne, morì sparandosi con un colpo di pistola al petto (Gianni Mura scrisse: «I veri capitani possono morire o anche scegliere di morire, ma dimenticarli è impossibile»). Di lui, Maldini, con cui giocò fino all'87, racconta che all'inizio di una partita gli chiese: «Dove vuoi giocare, a destra o a sinistra?» e il romano rispose: «Io sto in mezzo e tu me cori intorno».

E poi ancora Ancelotti (prima come compagno di squadra, poi come allenatore) e Donadoni e Baggio, Ševčenko, Gattuso, Nesta, Inzaghi, Crespo, Kaká, Seedorf e quella difesa da oscar che erano Baresi, Tassotti, Galli e appunto Maldini, cui nel 1987 si aggiunse Billy Costacurta (anche lui indosserà quella maglia per vent'anni) quando arrivò pure Arrigo Sacchi, il profeta di Fusignano. «Sacchi era davvero un innovatore, anche negli allenamenti» racconta Maldini. «Con lui facemmo le prime sedute psico-cinetiche, andavamo in campo con magliette di tre o quattro colori diversi, per sviluppare la capacità di ragionare. Mi ha insegnato che l'allenamento è la base di tutto: la cultura del lavoro.»

Prendere Sacchi fu la prima mossa di Berlusconi presidente (firmò per la proprietà il 20 febbraio 1986, il club a rischio fallimento e Milanello ipotecato) e da lì in poi il Milan avrebbe vinto «così tanto da annoiare i propri tifosi» diceva Carmelo Bene. Era vero: finiti i tempi da squadra di metà classifica (i rossoneri erano stati in Serie B nel '79 e nell'82), l'imprenditore arrivò a Milanello scendendo dal suo elicottero: «Sembrava matto» dirà il difensore in un'intervista. «Ma era visionario e convincente, ci ha insegnato a pensare in grande... e poi ha dimostrato con i fatti, oltre alle parole, che c'era dell'altro. Ama il Milan, per lui non è un affare di lucro ma solo di cuore. Ha comprato i migliori, certo, ma ci ha insegnato una mentalità nuova, anche grazie a Sacchi. L'idea era che il club dovesse diventare un modello per il tipo di gioco, per le vittorie.»

E infatti sono 28 i trofei vinti dai rossoneri nell'era Berlusconi: di questi, Maldini ha vinto 7 campionati italiani (1988, 1992, 1993, 1994, 1996, 1999, 2004), 5 Champions League (nel 1989, 1990, 1994, 2003, 2007) di cui le ultime due le ha alzate lui – quella del 2003 a quarant'anni di distanza da quella che alzò suo padre allo stadio Wembley di Londra contro i portoghesi del Benfica nel 1963 –, 3 Intercontinentali, 5 Supercoppe europee, 5 Supercoppe italiane e una Coppa Italia.

Paolo è un destro naturale, ma che ha passato la carriera a fare il terzino sinistro. «Dove mi mettevano, giocavo» spiega il calciatore «e in quel momento era libero quel posto lì, a sinistra.» Già da qui si legge lo spirito di sacrificio per la squadra, la disciplina a servizio dei compagni (un po' per indole, un po' inculcatagli dal padre); «Gli obiettivi della mia squadra erano i miei obiettivi» e la velocità di pensiero e di riflessi l'ha reso il più grande per tante stagioni, insieme con la tenacia e lo spirito di sacrificio: dato per finito a 30 anni, a 35 e a 37 alzò due coppe dalle grandi orecchie.

Dice di aver cercato per tutta la vita la partita perfetta ma di non averla mai giocata, come i grandi artisti che appena incidono un disco o dipingono un quadro pensano che sia il loro lavoro migliore, ma passa un minuto e non ci credono più, e cominciano a ragionare sull'opera dopo.

Mi ricordo di un'intervista a Bobo Vieri che diceva, ridendo: «In quattro o cinque anni di derby sono riuscito a fare solo un gol. È il migliore».

O Ronaldo che tentava sempre di spostarsi sul lato libero da Maldini, perché sennò l'azione s'impantanava. Anche Zidane diceva la stessa cosa: «Era velocissimo, non faceva falli, era forte fisicamente. E io preferivo stargli lontano, a sinistra anziché a destra».

La sua maglia, la numero tre, sarà per sempre sua, a meno che non se la meriti uno dei suoi due figli, Christian o Daniel, impastati e irrorati con il misterioso sangue della dinastia Maldini. Il maggiore, Christian, 22 anni, gioca per la Pro Piacenza, il minore, di 17, è stato chiamato da Gattuso alla prima squadra rossonera per sostituire temporaneamente i giocatori nei ritiri delle Nazionali. Un anno fa si era laureato campione d'Italia con l'Under 16 del Milan. Paolo, che non ha mai spinto per diventare allenatore, è finalmente tornato a casa, fa il direttore sviluppo strategico dell'area sport.

La cosa più divertente, una di quelle scelte della vita che sono un bivio – o di qua o di là – e che poi ci si domanda per sempre: «Che cosa sarebbe successo se avessi preso l'altro sentiero?», è che Cesare Maldini chiese a Paolo, aveva appena 10 anni, se volesse andare a fare i provini al Milan o all'Inter. E viene da pensare che senza di lui il Milan non sarebbe stato quel Milan e di conseguenza Maldini non sarebbe diventato Maldini. E anche che l'Inter, invece, sarebbe rimasta l'Inter, quindi è andata bene così.

21 dicembre 2018

Massimiliano Allegri

Nell'ora in cui a Massimiliano Allegri vengono le intuizioni geniali, alle sette e mezzo del mattino, io dormo. Però due cose abbiamo in comune: aver cominciato dal basso con una gavetta ai confini del mondo e, cosa per me non di minor valore, l'eleganza («Io, gli allenatori che si presentano a bordocampo con la tuta, li multerei: stai rappresentando la società, non puoi metterti la tuta»).

Allegri è di Livorno, nato nel 1967 a Coteto, quartiere operaio che ha ospitato il boom demografico del secondo dopoguerra e le conseguenti trasformazioni: il borgo venuto su alla fine degli anni Cinquanta quando, accanto alle fattorie e ai casolari della campagna e alle strade in terra battuta, sorsero i primi condomini e case popolari. La zona più rossa della città più di sinistra d'Italia, che però con il passare dei decenni si è tanto ammorbidita da finire, nel 2014, tra le braccia dei 5 Stelle, eleggendo sindaco il grillino Filippo Nogarin.

Il papà di Allegri faceva lo scaricatore al porto: «Sui palmi gli era cresciuta una seconda pelle da coccodrillo» racconta l'allenatore «a forza di sollevare casse. Quando la sera ci diceva "Domani sto ai container", dove tutto era meccanizzato, la cena era una festa». La mamma era un'infermiera: «Tentò di stare a casa, ma uno stipendio non bastava, finì in una ditta di pulizie. Ogni mattina si svegliava alle quattro». Il giovane Massimiliano prende la terza media e poi si mette a lavorare e a giocare a pallone, e fa sul serio, sembra già capire che lo sport cambierà la sua vita: «Se non avessi fatto il calciatore sarei diventato un cazzaro». Inizia nelle formazioni giovanili dei salesiani e dei portuali; diventa professionista nel 1984, in Serie D, nell'Interregionale di Santa Croce sull'Arno, comune pisano di 14.000 abitanti. Poi passa al Livorno, la sua città, e ci rimane per tre anni.

Arriva in prima divisione quando viene comprato dal Pisa, nel 1989, ma durante la stagione segna solo due presenze. Così torna a casa, al Livorno, in C2. La svolta avviene nel 1991, quando viene notato da Pierpaolo Marino, dirigente del Pescara (uscito quattro anni prima dal Napoli, quello di Maradona, di Italo Allodi e dello scudetto dell'87), squadra che navigava in Serie B. Il presidente era Pietro Scibilia, imprenditore di origini calabresi che da Gioia Tauro si trasferì in Abruzzo e fondò prima l'Olearia Scibilia e poi la Gelati Gis: da piccola azienda locale Scibilia la portò a essere tra le prime tre in Italia. Il calabrese si impegnò per tutta la vita nella promozione dello sport: nel 1978 fondò la squadra maschile di ciclismo su strada Gis Gelati-Ecoflam, con la cui maglia corsero dei grandissimi come Roger De Vlaeminck, Franco Bitossi, Marino Basso, Giuseppe Saronni e Francesco Moser. Ma al logo della Gis Gelati Scibilia legò anche il basket e la pallanuoto, fu sponsor del Roseto Basket e della Libertas Pescara; e del calcio, appunto, con il Pescara.

Marino racconta che nel 1991 la squadra abruzzese era oppressa dai debiti precedenti e per risanare il bilancio fu costretta a prendere tanti giovani della Serie C: una stagione pensata per essere di passaggio, di risanamento, e invece non andò così. L'allenatore era Giovanni Galeone, un napoletano di nascita e friulano d'adozione, già chiamato «il Profeta», dopo il primo ciclo di vittorie alla guida degli abruzzesi tra il 1986 e il 1989: aveva allenato in Serie D, C2 e C1, ed era appena arrivato dal Como. Al Pavia Galeone aveva visto giocare un attaccante, un'ala velocissima, Frederic Massara. Calzava alla perfezione con l'idea di gioco del tecnico (basata sul 4-3-3) e lo voleva assolutamente. Massara era già stato promesso dal Pavia al Venezia ma gli Achilli, proprietari del Pavia, che dovevano colmare il deficit della società, decisero che se Marino avesse comprato anche un altro giocatore per 400 milioni di lire avrebbero dato picche al Venezia e gli avrebbero ceduto Massara.

Marino, allora, legge la rosa del Pavia e nota il nome di Massimiliano Allegri: l'aveva visto giocare due anni prima nella Pro Livorno (dove lo chiamavano «acciuga» per il fisico magro e dinoccolato che ha tuttora), perché il suo maestro, Allodi, voleva che lo visionasse. Lo riteneva un giocatore di grande talento, ma con un carattere un po' scanzonato. «Me lo ricordai somigliante ad Antognoni» disse anni dopo Marino. Giancarlo Antognoni era un meraviglioso centrocampista, campione del mondo '82, e vederci in Allegri un suo erede era come indossare gli occhiali da eclissi per guardare il sole: comunque, per Allegri fu una gran fortuna. «Inizialmente fui elogiato per l'acquisto di Massara» racconta ancora Marino «ma, dopo un paio d'anni, il vero affare si rivelò Allegri. Galeone, quando gli comunicai la notizia, esclamò, ironico: "Ma come, ti avevo chiesto di prendermi un giocatore e me ne porti due?".» Dopo soli due giorni di ritiro precampionato, il ct napoletano è già innamorato: «Allegri è la più forte mezz'ala che ho allenato nella mia carriera». E l'anno che doveva essere di transizione diventa una galoppata verso la Serie A.

Tra i due, Allegri e Galeone, nasce un meraviglioso rapporto allievo-maestro (anche se Galeone avverte: «Non dite che Massimiliano è il mio allievo, questa storia è stancante e credo non faccia piacere neanche a lui, è limitante...»), ma, soprattutto, Allegri debutta in A e segna, da centrocampista, 12 gol, imponendosi, nel '92-93, come giocatore rivelazione del campionato. L'anno successivo, Allegri viene comprato da Massimo Cellino, nuovo presidente del Cagliari, per 7 miliardi di lire.

Giovanni Galeone è tuttora grande amico dell'allenatore della Juventus: «Ho avuto la fortuna di avere un maestro come lui, che magari non ha ottenuto grandi risultati ma che mi ha insegnato il piacere del calcio» ricorda Allegri. E lo stesso vale per il napoletano: «La squadra era già fatta, ma la dirigenza ingaggiò questo ragazzo che sinceramente non conoscevo. Dopo tre giorni mi era tutto chiaro, era un gran calciatore sul prato verde e un ragazzo serio e rispettoso, arrivò in punta di piedi e dopo poco era già il leader dello spogliatoio». E se gli chiedono perché non è ricordato come un campione, Galeone risponde: «Da giocatore ha fatto molto meno di quanto meritasse. Gli altri non lo capivano. Non giocava molto neanche al Pavia in C1, non lo facevano giocare Tabárez e Trapattoni al Cagliari, giocava poco al Padova in B. Giocava solo con me». E perché? «Era avanti, era una mezz'ala che si inseriva, ma giocava in un periodo di oscurantismo, il più bravo era sempre chi menava di più. Invece lui era un giocatore di qualità.» Uno con delle idee, insomma, in quella zona invisibile del campo che nessuno nota mai e dove però succede tutto.

I due sono insieme al Pescara, poi si ritrovano a Perugia e a Napoli: per otto anni Allegri è un giocatore di Galeone. «Era bravo a leggere la partita, sapeva valutare dove riuscire a colpire l'avversario, a individuarne i punti deboli. Ma anche a capire quando e dove soffriva la sua squadra: se vedeva il terzino in difficoltà con l'ala era capace di sistemarsi in modo da limitare il gioco avversario senza bisogno che arrivasse una segnalazione dalla panchina. Aveva delle capacità innate in questo senso.» Con la palla tra i piedi, era già un allenatore. «È bravissimo a intervenire sulla squadra, soprattutto in corsa. Se la squadra soffre tatticamente, cambia. Altri invece si adagiano» spiega Galeone, da cui Allegri ha imparato i concetti: «La volontà di far inserire i centrocampisti e le mezz'ali in zona gol. Ha fatto segnare Boateng, Gattuso, Seedorf,» quando stava al Milan «ma lo faceva già sulla panchina del Cagliari: Lazzari, Biondini, Conti hanno sempre segnato tanto con lui».

Allegri lascia il calcio giocato nel 2003, quando è all'Aglianese, in Serie D: ha 32 anni, e dice che il campo all'improvviso è diventato sterminato, come la pista di un aeroporto. Dato che è convinto di vederci giusto, decide di applicare come mister quello che gli veniva in campo, e per cui spesso aveva litigato con gli allenatori. In soli sei anni passerà dalla panchina dell'Aglianese, i confini del calcio di provincia, a quella del Milan, cui approda nel 2010.

Allegri dice che il tecnico in una squadra conta per il 5 per cento: sarà vero, ma dev'essere il cinque che conta, perché lui è l'unico nella storia della Serie A ad aver vinto lo scudetto alla prima stagione con due squadre diverse, il Milan e la Juventus, che certo non avevano calciatori brocchi, ma anche quelli forti devono sentirsi dire che cosa fare. E Galeone (i maestri che valgono davvero si fanno superare dagli allievi), oltre ad averlo iniziato, dice Allegri, ai piaceri del buon vino, gli ha insegnato la poesia e la semplicità dei campioni che «non fanno mai nulla di complicato, solo che lo fanno in maniera differente dagli altri. Il passaggio di un calciatore normale va a 30 all'ora, quelli di Messi vanno a 70. Il divario è tutto lì».

È diverso da Sacchi e Zeman, che lui dice essere troppo scientifici; neppure è melodrammatico e plateale e urlatore come Conte (mentre i livornesi sono cani che abbaiano molto e mordono poco, dice. «E io mordo educatamente»). Cerca la bellezza dello spettacolo («Se togli la poesia» ha detto «allora tanta vale giocarsela al computer. Possiamo parlare per ore di schemi e organizzazione, ma le partite le vincono i giocatori: devi affidarti al talento. Il calcio si fa su un prato di 106 metri per 68, si corre con i piedi, si gioca con i piedi, la palla spesso prende giri strani e si pretende che in queste condizioni la soluzione la diano delle situazioni schematiche? Se gli schemi servissero a vincere, perché il Real Madrid ha speso 100 milioni per Bale, che dribbla, tira e spacca la porta?»). Non ama le cantere, i vivai: «Tiriamo su polli d'allevamento. In Italia le Nazionali giovanili convocano quelli più funzionali al sistema di gioco, questo non è un bene per il calcio. Bisogna abituare i giovani a pensare, ad avere ambizioni, senza togliere loro creatività e inventiva. In Germania chiamano i migliori e poi vedono come metterli».

Perché ho detto che mi piace l'idea che abbia cominciato dal basso? Perché è l'unico modo per imparare il mestiere, e perché ti costruisci uno schema che poi applicherai in ogni situazione della vita; e anche perché devi barcamenarti, aguzzare l'ingegno, sempre. «Sono stato formato nelle piccole squadre, e questo mi ha aiutato nelle difficoltà: alle volte mancano i palloni, le società sono in ristrettezze economiche. Proprio in quei momenti devi ingegnarti, per far rendere la squadra: ogni giorno è un esame, ma quando hai un campo, una palla e due porte puoi allenare, senza pensare a che cosa può succedere.» E perché aiuta a semplificare: «Il calcio è semplice: in campo tu devi fare l'opposto di quello che fa l'avversario. Se l'avversario ti viene incontro, ti allontani. Se si allontana, gli vai incontro. Fine».

4 gennaio 2019

Felice Gimondi

Una volta è successo che un uomo qualunque, che di mestiere guidava dei camion con sei o anche otto ruote e sul suo camion guardava il mondo da un metro e mezzo più in alto, abbia avuto un figlio cui di ruote ne bastavano due, sottili sottili, che gli tiravano fango sulla faccia, e tutti sapevano il suo nome. Il figlio non trasportava merci, ma le cose ugualmente pesanti e ingombranti che porta sulle spalle un campione: talento, sudore, tenacia, solitudine, infine gloria. Sto parlando di Felice Gimondi, bergamasco, ciclista, vincitore per tre volte del Giro d'Italia (nel 1967, 1969, 1976), del Tour de France nel 1965 – l'anno prima aveva conquistato il Tour de l'Avenir, corsa francese per gli Under 23 – e della Vuelta a España nel 1968. Ho scritto «bergamasco» come primo aggettivo, non a caso: ho deciso di raccontare di Gimondi perché è uno sportivo memorabile, certo, 81 vittorie in quattordici anni di carriera, ma anche perché i bergamaschi si commuovono per tre cose: Papa Roncalli, l'Atalanta, e Gimondi.

Nato nel settembre del 1942 a Sedrina, a quindici chilometri dal capoluogo orobico, Felice è il secondo di tre figli. La mamma faceva la postina, pedalava su e giù per la montagna – ché Sedrina, un comune che ora conta 2000 abitanti o poco più, è proprio all'imbocco della Val Brembana ed è già montagnoso – e il babbo aveva una piccola impresa di trasporti con i cavalli: passò dieci anni in Brasile, poi tornò in

Italia e cominciò con i camion: il primo, racconta Gimondi, era un BL che andava a legna, con la cisterna su un lato.

Il papà compra a Felice la prima bicicletta come premio per essere stato promosso in terza elementare. Era una «Ardita», rossa: «Avevo sette o otto anni. Ero così contento che la inforcai subito, ma caddi e mi ruppi un dente». Come esiste la fortuna dei dilettanti, un caso di sfortuna dei campioni. Ma la prima bici vera, da corsa, arriva a 16 anni. Come nella maggior parte delle famiglie, in quei tempi di soldi non ce ne sono granché e allora il padre promette al secondogenito che se l'avesse accompagnato a fare una consegna nel cremonese (il trasporto era di sabbia del Po, allora non si usava il gesso per costruire le case) e se avesse ricevuto subito il denaro – era un cliente che non pagava mai – avrebbe fatto l'acquisto tanto desiderato. Al ragazzino andò grassa: il cliente saldò 30.000 lire e Felice ebbe la bici, una Maffioletti usata. «Lasciai gli zoccoli in mano a mio padre, saltai in sella e pedalai a piedi nudi fino a casa. All'inizio non arrivavo nemmeno ai pedali e allora mettevo una gamba di traverso in mezzo ai tubi del telaio per poter pedalare.»

In realtà, Felice «correva» già da un po': capitava spesso che sostituisse la madre nel lavoro di postina e percorreva le strade sterrate della Val Brembana su una bici da donna per consegnare lettere, pacchi, cartoline. Fu una palestra formidabile. Il telaio allora pesava 15 chili, e in più c'era il portapacchi. Così, con le gambe forti da postino di riserva, il giovane Gimondi entrò nella Sedrinese, una piccola società con cinque o sei corridori, «dove non c'era pressione di fare risultato ma ci si divertiva molto» racconta «e ognuno faceva la sua corsa».

Ha 22 anni quando diventa professionista, vince a sorpresa il Tour de France: non avrebbe nemmeno dovuto correre e pensava di puntare, al massimo, alla maglia bianca di miglior giovane. Arrivò alla gara sostituendo Battista Babini, come gregario di Vittorio Adorni, suo compagno di squadra. Ovvero, avrebbe dovuto aiutare Adorni a vincere, che quell'anno, il 1965, se la vedeva con il favoritissimo francese Raymond Poulidor. Gimondi aveva una bici color del cielo, una Chiorda marchiata Magni («Ci vinsi anche la Roubaix e il Lombardia» racconta), e una forza esuberante, spregiudicata. Mai si era visto un giovane, uno appena arrivato, andare in fuga da solo. Dopo la terza tappa non mollò più la maglia gialla: a un certo punto Adorni dovette ritirarsi per un'intossicazione alimentare e i piani finirono stravolti. Gimondi resistette a Poulidor sul Mont Ventoux e vinse due tappe a cronometro, che gli valsero la vittoria al suo primo tentativo. A portare a casa quell'impresa, prima di lui, c'era riuscito solo Fausto Coppi. E così, il giovane di Sedrina che avrebbe dovuto correre solo la prima delle tre settimane del tour – il padre lo aspettava a casa perché all'epoca Felice lavorava con lui – divenne il quinto italiano nella storia a vincere la *Grande Boucle*.

Nel frattempo, Gimondi si era sposato con una ragazza che aveva conosciuto in Liguria, a Diano Marina, in vacanza, prima di diventare famoso. Tiziana Bersano è nata in una famiglia di albergatori ed era abituata alle discoteche, a stare in mezzo a gente in ferie, e ha 19 anni quando si ritrova a Sedrina. «Un incubo» dice del suo primo periodo bergamasco; e «disastroso» il suo primo impatto con gli «indigeni». «Il primo ricordo che ho di Sedrina è una panchina in pietra su cui erano sedute delle signore vestite di nero, con dei vestiti luuuunghi e neri...»

Felice sostiene che metà delle sue vittorie sono merito di Tiziana, ed è vero: hanno passato la vita insieme, mai si è sentito un pettegolezzo su di lei o su di lui, innamoratissimi l'uno dell'altra («Per me andava bene lei, e basta»), con due splendide figlie, Norma e Federica. La prima delle due, Norma, avrebbe avuto la voglia e le capacità per seguire le orme del padre: «Sono stata io a impedirle di fare l'agonista. Volevo che studiasse. "Studia che è meglio, il ciclismo quanto ti dura?" le dissi» racconta Tiziana. «Però lei è un'atleta, ha uno stile perfetto, una bella postura. E poi ha grinta.» Tiziana ha imparato ad amarci, noi bergamaschi, testoni e chiusi e montanari («L'unica festa che Felice mi lasciava fare era quella di Capodanno, venivano anche sessanta persone»), il nostro dialetto è diventato la sua lingua e dice di aver imparato da noi l'affetto vero: «L'ho capito il giorno che hanno festeggiato i settant'anni di mio marito. Una festa bellissima. Un affetto sincero».

Tiziana, quindi, è la prima persona, oltre a Gimondi, che ha fatto grande Gimondi. La seconda è quel bandito di Eddy Merckx, quel belga, considerato il più grande, il ciclista più completo di tutti i tempi. Lo chiamavano «il Cannibale», tanto era cattivo (Vittorio Adorni, che corse in quegli anni, ha raccontato che Merckx era competitivo anche quando partecipava a una gara insignificante: se c'era un traguardo parziale con un salame come premio, «lui faceva la volata per vincere il salame»), e Gimondi, che invece era un campione gentile, psicologicamente agli antipodi, se lo trovò sempre tra i piedi. «Ho dovuto correggere il mio modo di essere, il mio modo di correre. Prima non prenderle e poi, se possibile, dargliele. Perché era dura dargliele, a quello lì.» Certamente una sfortuna, ma fu anche una delle sfide più appassionanti della storia del ciclismo: «Lottavamo sempre con il coltello tra i denti» sintetizza Felice. «La nostra generazione ha reso il ciclismo epico e leggendario. Abbiamo corso insieme tanti anni (dal 1964 al 1978, *ndr*) e sono stati anni di battaglie.»

Insomma, Gimondi per noi era stato il più grande di tutti, finché non è arrivato quel belga a rovinarci la festa. Ai Mondiali nel 1971, Merckx gli soffiò la vittoria in volata, negli ultimi chilometri c'erano stati solo loro due. Il giorno dopo, il titolo del giornale era: *Eddy Merckx campione del mondo. Gimondi batte il resto del mondo.* Ma il bergamasco aveva già metabolizzato l'andazzo: nel 1970, durante un'intervista su TeleMarche, una rete francese, Felice disse: «Ritengo che Merckx mi abbia preparato alla vita, che mi abbia insegnato che non tutto è facile». L'intervistatore, lo punzecchiò: «E cioè? Battendola?». «Sì.»

Per questo, la gara più bella, quella che è rimasta nel cuore di tutti, è il Campionato del Mondo nel 1973, a Barcellona, al Circuito del Montjuïc: 14,5 chilometri da percorrere diciassette volte, Gimondi ha già 31 anni e oltre a Merckx ci sono l'olandese Freddy Maertens, che in volata è un drago, l'olandese Zoetemelk, lo spagnolo Ocaña. E il caldo è da capogiro, l'asfalto sembra sciogliersi tanta afa c'è. All'undicesimo giro, a 80 chilometri dal traguardo, Merckx – che mai come in quella stagione era sembrato un dio, imbattibile: aveva vinto la Parigi-Roubaix, la Liegi-Bastogne-Liegi, il Giro d'Italia e la Vuelta a España – lancia l'attacco. Gimondi riesce a portarsi a ruota con Ocaña, l'altro spagnolo Domingo Perurena, il compagno di squadra Giovanni Battaglin, Zoetemelk e Maertens. Ma Merckx al quindicesimo giro fa un altro allungo, e rimangono in quattro: il Cannibale, Maertens, Gimondi e Ocaña. «Maertens era il più veloce. Sento che lui e Eddy si mettono a parlare: non capisco una parola di fiammingo, però sapevo cosa stava succedendo» racconta Felice. «Maertens gli tira la volata, ma quando Eddy gli arriva alla pedaliera, afferro che per una volta non è lui che dovrò battere.» E infatti sul rettilineo finale Maertens è impegnato a lanciare lo sprint a Merckx, che però, un po' per stanchezza un po' perché Maertens aveva avviato la volata con un impeto eccessivo, perde l'attimo buono per lo sprint finale.

Sulla linea del traguardo, Maertens e Gimondi si tirano una spallata, poi con un colpo di reni l'italiano mette la ruota davanti e alza il braccio al cielo. Felice Gimondi è campione del mondo. «Maertens voleva darmi una gomitata» dirà poi «ma alla fine la spallata gliel'ho data io. È stata la mia volata perfetta.» Da quel momento il bergamasco, dalla penna geniale di Gianni Brera, divenne «Felix de Mondi» (più tardi, nel 1976, dopo aver vinto il Giro d'Italia a 34 anni e dato per finito, divenne «Nuvola Rossa»). Ancora oggi nessuno è riuscito a battere il suo record al Giro: nove volte sul podio con tre primi, due secondi e quattro terzi posti). La prima cosa cui pensò, dopo la vittoria spagnola, è casa: «Mia moglie aspettava la mia bambina, Federica. È nata il 20 settembre e avevo paura di aver creato un negativo di emozioni».

Ancora oggi, superati i 70 anni e nonostante gli acciacchi – dopo una frattura alle vertebre deve andarci cauto – continua a sputare la vita in bici. Ha fondato una scuola di mountain bike insieme con monsignor Mansueto Callioni, parroco di Almè (è un piccolo comune a meno di dieci chilometri da Bergamo) per i ragazzini dagli 8 ai 13 anni. E da 23 anni a Bergamo si corre la Granfondo Internazionale dedicata al campione: una gara internazionale aperta a tutti coloro che, su e giù per le montagne della provincia – da Colle del Gallo a San Pellegrino Terme, fino a Costa Valle Imagna –, adorano sudare come leoni marini. Corrono nel mese di maggio, questi umani bizzarri che amano la fatica, e la città si ferma.

11 gennaio 2019

Alberto Tomba

Così colorati e così lividi, gli anni Ottanta sono stati un pazzo decennio di contraddizioni, anni di piombo e anche di voglia di smetterla con il piombo, in America si guardava a Reagan, qui stava tornando il vestire bene, oddio bene, diciamo con cura, e nello sport andavamo forte: il Mondiale dell'82, Maradona a Napoli. E, prima che del Muro di Berlino, il crollo delle ideologie sullo sci. Cappelletti e mortadella presero a pallate di neve i canederli e lo speck.

Era arrivato Alberto Tomba, il contrario dello sciatore normale: rumoroso e indisciplinato, sgraziato e pesante, sulla neve ghiacciata veniva giù come se stesse precipitando, e aveva una molla nel sedere che lo tirava su quando sbagliava e già strisciava con il gomito, dove un altro sarebbe volato via, correva lo slalom come se fosse una discesa libera, ma la libera gli faceva paura. E comunque dava un secondo a tutti, in quanti hanno vinto una Coppa del Mondo correndo due specialità su cinque, slalom speciale, slalom gigante e stop?

Tutto comincia a San Lazzaro di Savena, comune da 30.000 abitanti, estremo oriente di Bologna, 62 metri sul livello del mare, dove tutti d'estate vanno in riviera, e d'inverno sì, certo, a sciare, ma con la stessa energia con cui si fanno le sabbiature; sono d'altra pasta quelli di Bormio, in Valtellina, a 1225 metri di altitudine, o di Trafoi, in Alta Val Venosta, a 1570, e in tutte le altre località dove, da bambino, prima t'infilano gli sci e poi ti insegnano a parlare. E invece Alberto Tomba nasce a Castel de' Britti, frazione di San Lazzaro, il 19 dicembre 1966, destinato a smontare tutti i canoni degli sport invernali e soprattutto il cliché del campione ideale.

Tomba è forse lo slalomista più grande di tutti i tempi: cinquanta vittorie in Coppa del Mondo (quarto sciatore di sempre per numero di successi), una Coppa del Mondo assoluta nel 1995, quattro Coppe del Mondo di slalom gigante e quattro di slalom speciale, due ori olimpici in slalom gigante (a Calgary nel 1988 e ad Albertville 1992), un oro in slalom speciale a Calgary 1988 e due ori, in gigante e in speciale, ai Mondiali del 1996. L'unico ad aver vinto per undici stagioni consecutive, dal 1988 al 1998, almeno una gara in Coppa del Mondo. Ma per noi, che lo sport ci piace ma gli sportivi mezzi matti ancora di più, Tomba è stato soprattutto una miniera di storie: l'incoscienza al potere e il potere dell'incoscienza.

Si vide subito che era predestinato: aveva appena 18 anni quando, in una gara che si tenne a Milano sulla collina di San Siro, vinse lo slalom parallelo battendo tutti i più forti. I giornali il giorno dopo, il 24 dicembre 1984, titolarono *Un azzurro della B beffa i grandi del parallelo*. L'anno successivo approdò in Nazionale A: appena due anni prima era nella C2.

Nel 1987 «Tomba la Bomba» (lo chiamavano così in tutto il mondo, «la Bomba», come dell'Italia dicono «spaghetti» e «pizza») fa irruzione a spallate in Coppa del Mondo: a Sestriere vince lo slalom speciale, e se ne va dicendo: «Tra due giorni faccio il bis». I giornali scrivono: *Lo spaccone Tomba vince lo slalom del Sestriere*. Ma aveva ragione lui: due giorni dopo arriva primo in gigante, con una neve che vien giù tanto fitta che in TV non si vede un'acca, davanti al suo idolo, lo svedese Ingemar Stenmark, fuoriclasse fino ad allora quasi intoccabile. Tomba alza il braccio al cielo prima di aver tagliato il traguardo, una cosa che fa perdere fiotti di centesimi, ma lui ne ha una borsa piena. «E due!» urla davanti alle telecamere. E tre in Val Badia, e quattro a Campiglio.

Dall'Emilia Romagna cominciarono a partire pullman e torpedoni organizzati per andare a vederlo: a Campiglio furono in 10.000, un tifo da stadio, arrivati da tutta Italia. Non era mai successo. Erano bastate tre gare per far passare lo sci, sport per montanari, per nordici, introversi e musoni e laconici e con nomi strani, e anche un po' palloso, a una disciplina eccitante, per gente di pianura, rigogliosa, ciarliera, esuberante, spassosa. Tomba parlava tanto, troppo: per questo, quando nel '96 lasciò i Carabinieri (era nell'Arma dal 1986 e per evitare polemiche si congedò prima che scattassero i dieci anni di servizio, così da non aver diritto alla pensione), il comandante generale Luigi Federici, esprimendogli tutta la gratitudine per i suoi successi, ricordò anche l'«imbarazzo» procurato da alcuni suoi comportamenti.

Come quella volta che, nel dicembre 1995, lanciò la coppa appena ricevuta sul podio addosso a un giornalista, ammaccando lui e la coppa, perché qualche giorno prima lo aveva fotografato nudo, mentre faceva il bagno. L'anno precedente si era fatto beccare a utilizzare la paletta da carabiniere per evitare il traffico: era in ritardo a un appuntamento. Qualche anno dopo, all'aeroporto di Fiumicino, era diretto alle Seychelles quando tentò di contraffare il passaporto, scaduto, riscrivendo la data con un pennarello: «Non pensavo fosse reato, mi aspettavo solo una sanzione amministrativa».

Nel 1988 Albertone ebbe la sua prima chance olimpica, a Calgary, e il 25 febbraio nello slalom gigante acchiappò l'oro. Niente poteva resistere alla sua popolarità: alla seconda manche dello speciale s'inchinò anche il Festival di Sanremo, dove non era entrato mai niente che non fosse pieno di lustrini. Ma venti milioni di persone avrebbero cambiato canale, e a Raiuno convenne fermare l'Ariston per trasmettere in diretta la discesa. Oro. Lo sci aveva bisogno di un nuovo grandissimo, dopo le lontane cinque Coppe del Mondo di fila conquistate da Gustav Thoeni e Gros tra 1970 e il 1975, la Valanga Azzurra. Da quasi vent'anni si aspettava un erede.

Il passaggio del testimone fu definitivo nel 1994, quando Tomba, dopo aver vinto i primi due slalom a Tignes e Sestriere, al terzo, quello di Lech, fece correre tutto il popolo italiano a comprare nuovi televisori da piazzare ovunque e non perdersi un secondo di gara, in molte aziende il lavoro venne fermato per il tempo delle manche. Nessuno resterà deluso. A Lech, Tomba si butta nella seconda manche a tutto spiano, Mario Cotelli commenta su Telemontecarlo che Albertone rischia troppo: «Se capisce, e capisce, adesso comincerà a ragionare un po' di più e ad attaccare un qualcosina meno». Invece in quell'istante lo sciatore sta per finire giù, incrocia le punte, quasi si ferma, riprende la porta su uno sci e non si sa con quale forza, le gambe, gli addominali, rimane in gara. Arriva al traguardo con il miglior tempo, incredulo. Si guarda in giro, stupito anche lui, intanto l'austriaco Sykora gli arriva dietro per due centesimi. Senza l'errore, sarebbero stati due secondi, una voragine. Quando nel 2016 il giornalista tv Giovanni Bruno gli ricorda quella vittoria, Tomba sbruffoneggia sull'incidente: «Ero andato a prendermi un caffettino». Cotelli quel giorno disse che Tomba «è l'uomo dalle quattro ruote motrici». I festeggiamenti furono chiassosissimi, come al solito: «Sykora quando è arrivato era incredulo, pensa dopo in albergo che ha rivisto in tivù che cos'ho combinato» disse ridendo Tomba.

Del gossip e delle donne di Tomba sono stati scritti chilometri di carta, da quando disse: «Secondo me le donne possono fare atletica leggera, pattinaggio, tennis, pallavolo, perché così possono ancora essere attraenti. Non certo le sciatrici o quelle che giocano a pallone, con quei polpaccioni...», fino agli anni con Martina Colombari, Miss Italia 1991. «Avevo tutti gli occhi addosso, discoteca, ore piccole, donne. Una volta puoi farlo, la seconda sei fottuto, se esci dai locali alle tre e devi essere in piedi alle sei per allenarti.» Veniva braccato ovunque: «È mai possibile che non abbia mai diritto a un briciolo di vita privata? Ho dovuto lasciare l'albergo di Porto San Giorgio dove stavo facendo allenamento atletico perché avevo sempre ad aspettarmi cinque paparazzi con le macchine fotografiche e i flash pronti a scattare».

Ma lui ci marciava, anche quando venne ingaggiato per ammiccare negli spot della Barilla: «Dimmi qualcosa che ti piace» lo punzecchiava una bellissima ragazza, e lui, arrotolando le tagliatelle sulla forchetta: «Le Emiliane!». Oppure quella in cui degli studiosi tentavano di costruire un uomo bionico, che era sempre lui, ma non funzionava finché non gli davano da mangiare dei fusilli. E la prima cosa che faceva era toccare il sedere alla scienziata.

Tomba aveva la fissa del cinema, si sentiva addosso la stoffa dell'attore: dai e dai, riuscì almeno a provarci. Diventò Alessandro Corso, protagonista del film *Alex l'Ariete*, nel 1999. Il film fu un disastro: «*Alex l'Ariete* ha incassato meno di 4 milioni in tutta Italia, di cui un terzo a Bologna. È stato ritirato da molte sale» raccontava il «Corriere». Accanto a Tomba c'era Michelle Hunziker. «L'idea era: prendiamo un carabiniere tonto e una donna snob, li ammanettiamo e lui diventa il Bud Spencer della situazione in modo da evitare ogni forma di recitazione» rivelò lo sceneggiatore Dardano Sacchetti.

Alberto Tomba è stato lo sciatore italiano più conosciuto nel mondo, ma anche lo sportivo più divertente e amato: guardarlo scendere fra i paletti spinto da un'autostima indecente e guasconeggiare senza riguardi, quella combinazione di osare e giocare, forse ha dato agli italiani di quegli anni più fiducia nel futuro di qualsiasi promessa politica: era un esempio della bella vita, e di soldi per andare a sciare ce n'erano ancora. Tomba era il mezzo matto della porta accanto, aveva anche le fisse e i sogni di ogni italiano di provincia: voleva «diventare il più grande del mondo. Riuscire a conquistare talmente tanto che la gente potrebbe riconoscermi dappertutto anche vestito in borghese. Essere noto come il Papa, Reagan, Gorbačëv o Stallone. No, forse Stallone in Africa non lo conoscono».

Ma poi diede retta alla mamma, Maria Grazia, lei gli raccomandava di andare piano e allora lui evitò discesa libera e supergigante, che si va giù troppo veloci. Gli riuscì lo stesso, di diventare il più grande, che a dar retta alla mamma ci si prende.

18 gennaio 2019

Christian Vieri

Quando l'Inter ancora riusciva a spaventare il campionato, allora c'era Christian Vieri detto Bobo. Alto 1,85 per 82 chili di muscoli cattivi, la faccia del killer serbo nei film d'azione, l'attitudine del bisonte in area di rigore e anche fuori, i difensori gli saltavano in groppa in due e lui galoppava lo stesso, o li buttava dall'altra parte del campo con una spallata. Di questo ragazzotto bieco, mezzo toscano e mezzo australiano – nasce a Bologna nel 1973, babbo toscano e mamma francese nata a Casablanca, ma a 4 anni è già in Australia, perché il padre, ex calciatore della Juventus, là aveva chiuso la carriera; torna in Italia, a Prato, solo undici anni dopo, quando ne ha 15 –, dicevo, di lui gli allenatori si lamentavano che non avesse tecnica: a insegnargli le basi, tardino, fu Emiliano Mondonico, allenatore nato sulle rive dell'Adda, quando Vieri era già al Torino, nel 1991.

Il bambino Christian tra gli australiani fa di tutto: atletica, cricket, rugby, tutte robe inglesi, e scopre il calcio solo più tardi. Entra nel Marconi Stallions Football Club, società fondata nel 1956 e sostenuta dalla comunità degli emigrati italiani di Sydney, chiamata così in onore dell'inventore della radio, Guglielmo Marconi. Negli Stallions il giovane impara qualcosa, ma quei piedi avevano visto fin troppi sport, così quando torna in Italia gli tocca imparare la classe. Che forse non avrà mai, ma a uno come lui neanche serve.

Che divertimento è stato, guardare Vieri. Non è solo uno che raccoglie numeri che rimangono nella storia – con la Nazionale ha segnato 23 gol in 49 presenze, in due Campionati del Mondo, 1998 e 2002, ha eguagliato il record di marcature, 9, di Paolo Rossi e Roberto Baggio (anche loro in due edizioni); in tutto, tra club, Nazionale maggiore e Nazionali giovanili, Vieri ha giocato 559 partite segnando 271 reti. Alessandro Altobelli, attaccante intessuto una generazione prima nella storia dell'Inter e che era il suo esatto rovescio – lo chiamavano «Spillo» tanto era magro e lungo – lo definì così: «Penso a lui e vedo un centravanti classico, un formidabile uomo da area di rigore, che sa colpire anche in contropiede, partendo da lontano. Perché se in avvio può apparire lento, la sua progressione è notevole. Forte fisicamente, dotato di una tecnica di alto livello, un tiro potente e preciso. Con quella stazza è dotato di una agilità non comune. Incontenibile di testa». E ancora: «Ogni volta che lo vedo ho un rammarico. Non aver giocato con uno come lui».

L'hanno paragonato a tutti i più grandi e a tutti i più amati: a Giorgio Chinaglia, cannoniere-ariete della Lazio dei Settanta, di soprannome faceva «Long John» perché era 1,86 per 80 chili; a Gigi Riva, chiamato «Rombo di Tuono» da Gianni Brera, mancino fisso, di cui l'allenatore Manlio Scopigno disse: «Il piede destro gli serve solo a salire sul tram»; a Roberto Boninsegna, altro mancino, negli anni Settanta uno dei più forti al mondo (163 gol in Serie A, 29 nelle coppe europee, 9 in Nazionale). Per gli amici, Boninsegna era Bobo, come Vieri, ma rinominato «Bonimba» sempre da Brera mischiando il suo cognome con Bagonghi, un celebre nano italiano del circo Barnum. «Perché ero basso di glutei e correvo con la testa incassata tra le spalle» racconta lui che, nonostante fosse piccoletto, saltava sistematicamente oltre i suoi marcatori. Fu Boninsegna a dire che in comune con Vieri aveva anche il modo di giocare: «Come me, è un mancino puro, la classica punta centrale, bravo in acrobazia, caratteristiche e movimenti sono gli stessi, e pure lui sbaglia pochi rigori».

In linea con i suoi predecessori, accanto a Vieri compariva un nomignolo: «Terminator». Dopo il debutto nel Prato (C1), due stagioni al Torino, una a Pisa, ancora Torino, poi Ravenna, Venezia, Atalanta, arrivò alla Juve nel '96, che lo lasciò andare l'anno successivo, in Spagna, all'Atletico Madrid: con i castigliani fece 29 gol in 31 presenze, dei quali 24 in 24 partite della Liga, conquistò la classifica marcatori e si portò a casa il trofeo Pichichi (che premia il capocannoniere della Primera División, messo in palio ogni anno dal maggior quotidiano sportivo spagnolo, «Marca»); fu il primo e l'ultimo italiano a vincerlo.

«Terminator» non era il suo unico appellativo: c'era anche «lo zingaro del calcio». In carriera, infatti, ha girovagato per quattordici club diversi: oltre a Prato, Torino, Pisa, Ravenna, Venezia, Atalanta, Juventus, Atletico Madrid e Lazio, e dopo sei anni all'Inter (quell'Inter bellissima con Ronaldo, Toldo, Seedorf, Córdoba, Materazzi, Zanetti, Recoba), andò al Milan, poi al Monaco, alla Sampdoria, alla Fiorentina, e chiuse il suo ciclo nell'Atalanta.

A noi italiani – che ci sentiamo a casa solo sotto il campanile dove siamo nati ed esultiamo quando abbiamo aperto un mutuo – la strada scelta da Vieri sembra uno zigzagare senza meta. Affezionati come siamo ai campioni che indossano una maglia per tutta la vita, Vieri ci sembra strano, innaturale, quasi fosse di una razza diversa. E tuttavia non ci è venuto difficile amarlo, questo giocatore che più che a una città apparteneva all'Italia; e che quando indossava la maglia della Nazionale entrava in campo con spirito e responsabilità. È un'attitudine tipicamente anglosassone, forse gli si è appiccicata addosso durante gli anni della formazione in Australia: casa non è dove nasci, casa è dove te la fai, e perciò è continuamente nuova.

Ho letto che in gioventù l'uomo era silenzioso, duro, un po' orso, che sorrideva poco, che stava in disparte, sempre concentrato. Solo poi è diventato un simpaticone. Mai l'avrei detto: me lo ricordo stabilmente beccato dai giornali di gossip insieme con qualche velina, quando ancora c'erano le veline sulle copertine dei settimanali e nelle pubblicità in TV.

In Nazionale andammo male nel '98, in Francia, e andammo male di nuovo nel 2002, in Corea del Sud e Giappone (penso che nessun tifoso ebbe soddisfazione più grande del sapere che, nel 2010, l'indecente arbitro ecuadoriano di Corea-Italia, Byron Moreno, venne arrestato all'aeroporto di New York con 6 chili di eroina nel bagaglio: venne condannato a due anni e sei mesi, poi se ne tornò in Ecuador e lì fu indagato per evasione fiscale), ma Vieri fece tutti i gol che poteva, ed è comunque diventato il nono marcatore azzurro di sempre. È vero che il calcio è sempre uguale, che si gioca sempre undici contro undici e che il pallone è sempre lo stesso, ma pochi sono i calciatori che lo sanno: molti sono fragilini, polemici, si trovano bene, poi si trovano male, vanno in crisi quando cambia l'aria. Per questo con Vieri ci siamo tanto divertiti: in qualsiasi squadra giocasse, tante, e in qualsiasi incontro, tantissimi, è stato uno di quelli per cui la palla è rimasta rotonda dappertutto.

25 gennaio 2019

Danilo Gallinari

Io, che ogni domenica sera mi scoccio a muovermi da Bergamo per spostarmi a Milano, questa settimana mi spingerò in territorio straniero. Ben seduto alla mia scrivania, con queste righe me ne vado in America, perché da qualche tempo mi parlano di due giocatori di pallacanestro italiani che stanno facendo bene proprio là. Ora, visto che per me un italiano che vince a basket in USA è come uno che va in giro sulla luna senza casco, parleremo di marziani. Intanto giocano uno sport innaturale: a casa mia, se tocchi la palla con la mano è sempre fallo. E poi sono alti 2 metri e sembrano fatti di cemento, ma corrono su un fazzoletto di parquet a velocità quantistiche con un pallone che rimbalza solo a guardarlo, centrano un canestro (che ha un diametro poco maggiore di quello della palla) da una distanza che uno normale non vede neppure dov'è.

Di basket saprei anche qualcosa, ma poi mi distraggo sempre con l'Atalanta. Il fatto è che mi sono incuriosito dopo che un amico mi ha messo davanti a un video, sul mio iPad, che fa venire un «ohibò»; perlomeno a me che concepisco la palla solo con i piedi. La scena è questa: un giocatore dei Denver Nuggets, la partita è contro i Milwaukee Bucks, si fa mezzo campo, poi la passa a un compagno sotto canestro. Questo fa per saltare e tirare, ma un difensore gli sale sopra da sinistra, lo ferma con una gran stoppata, tirandogli giù la palla dalle mani. Allora il giocatore – tutto avviene prima che la sfera cada e prima che i suoi piedi tocchino di nuovo il suolo – la riprende e lancia ancora, questa volta con la mano destra, che è irraggiungibile, passando dietro la schiena e sopra la testa: cioè improvvisando un tiro immarcabile chiamato «gancio cielo», inventato negli anni Settanta da un genio che si chiamava Kareem Abdul-Jabbar.

Sono rimasto a bocca aperta. Tutto in un secondo. E, sorpresa, in mezzo a quei mostri di potenza e velocità, il giocatore che ha fatto questo gioco di prestigio è un italiano, Danilo Gallinari. Allora sono andato a cercare altre cose da guardare, e ho visto con grande divertimento che il ragazzo ha una certa propensione per i tiri apparentemente a casaccio: il primo gennaio, nella partita fra la sua attuale squadra, i Los Angeles Clippers, e i Philadelphia 76ers (quanto ci si mette a scrivere 'sti diavolo di nomi), al limite dell'area, in mezzo secondo ha fatto una finta all'avversario che aveva davanti, ha saltato costringendolo a dargli una spinta – fallo – e prima di toccar terra e prima che l'arbitro fischiasse, con una manata mezza distratta ha tirato nel cesto.

Creatività italiana, in uno sport spaventosamente rigoroso: una cosa che mi manda nei matti del basket, infatti, è l'ossessione per i dettagli, una cosa maniacale. A pensarci, rispetto al calcio, che ha spazi larghi, porte grandi e palloni piccoli, quindi l'esatto rovescio, è quasi normale: nella pallacanestro tempo per pensare ce n'è poco, la matematica è molta, l'improvvisazione è il lusso dei fuoriclasse. Per dirne una, allenatori e statistiche calcolano al centesimo di secondo quanto dura un'azione, dall'inizio (eventuale rimbalzo difensivo escluso) fino ai due o tre punti: la squadra migliore, qualche mese fa, erano i Sacramento Kings, con 12 secondi e mezzo, la peggiore i Grizzlies, con 15 secondi e... 72 centesimi! Il risultato era che, in 48 minuti di partita, una squadra ha da giocare, in media, circa sei minuti in più dell'altra.

Niente, siamo mondi lontanissimi, noi del calcio discutiamo ancora la Var, questi danzano sui centesimi di secondo. Ma proprio per questo mi ha affascinato scoprire il talento di Gallinari e di un altro italiano, Marco Belinelli, unico tricolore a vincere un titolo NBA, la National Basketball Association. Gallinari è un paio di anni più giovane ed è lo sportivo italiano più pagato al mondo: 65 milioni di dollari in tre anni.

È nato l'8 di agosto del 1988, ci sono così tanti otto che ha pensato di aggiungersene un altro, quello sulla maglia dei Clippers, e un altro ancora tatuato sulla schiena, insieme con il disegno di un gallo – «Gallo» è il suo soprannome – e le iniziali di sua mamma, Marilisa, di suo padre Vittorio e del fratello Federico. Il suo paese è Sant'Angelo Lodigiano, comune da 13.000 abitanti in provincia di Lodi, tutto campi, cascine e rivoli d'acqua. A fargli da procuratore è suo papà, Vittorio Gallinari, che è stato giocatore pure lui, ex capitano e bandiera dell'Olimpia Milano: il figlio lo supera in altezza di quattro centimetri, è 2,08. Il Gallo, a 14 anni, esordisce in B1 a Casalpusterlengo, società fortissima, una provinciale emergente nel panorama nazionale. E il ragazzino è protagonista tra i senior a soli 16 anni. Passa un anno in A2, al Pavia, e a 18 anni esordisce in Serie A, in maglia Olimpia: viene nominato miglior giocatore del campionato e miglior giovane in Eurolega. È uno sballo, e infatti nel 2008 vola a New York, chiamato in NBA: un anno dopo Marco Belinelli e due anni dopo Andrea Bargnani, soprannominato «il Mago», perché faceva apparire i canestri per la sua squadra e faceva sparire quelli degli avversari. Ho letto che il motto dei tre italiani passati per l'NBA, ricalcato su quello calcistico «Pelé good, Maradona better, George Best», è «Bargnani è forte, Belinelli è super, ma Gallinari è il migliore»; io, ovviamente, non ne ho idea, ma sapere di avere tre italiani in America a giocarsela con i migliori del mondo mi riempie di orgoglio.

Insomma, Gallinari viene preso al primo giro di «draft», la cerimonia in cui le società indicano le loro scelte, dai New York Knicks allenati da Mike D'Antoni, nato in West Virginia ma naturalizzato italiano dopo i tredici anni che passò, dal 1977 al 1990, all'Olimpia Milano. D'Antoni in Lombardia è una leggenda, lo chiamavano Arsenio Lupin perché era fenomenale nel recuperare i palloni.

Ovviamente, Gallinari arrivò nella Mela accompagnato da bordate di fischi da parte dei tifosi. Disse che non gliene importava, «i fischi diventeranno applausi, ve lo assicuro». Ma da matricola, come al ginnasio, come al servizio militare, qualcosa gli è toccato subire: raccontano che uno dei riti iniziatici dell'ultimo arrivato sia di portare ai compagni di squadra le borse con le divise che servono per la partita del giorno dopo, e che quindi debba farsi tutti i piani dell'hotel, su e giù con l'ascensore, per consegnarle tutte. Inoltre, i giocatori americani spesso non usano il loro vero nome, ma un alias, un nome di fantasia per non farsi riconoscere. Il borsone, infine, si lascia appeso fuori: assolutamente non bisogna bussare e consegnarlo direttamente al giocatore, perché lo si disturberebbe mentre è insieme a qualcuno, facilmente di sesso femminile, incassando così non pochi insulti.

Oggi ormai Gallinari è un veterano, ma ha dovuto scoprire anche che gli americani non mettono gli slip, usano solo i boxer: «Ero lì, negli spogliatoi» ha raccontato in un'intervista «tutti ridevano, e io non capivo. La cosa si è ripetuta per giorni, finché un giorno vedo che indicano le mie mutande e dicono, ridendo, "Speedo" (la marca di costumi da nuoto, *ndr*). Mistero risolto, sì, ma il giorno dopo è arrivato per me un pacco di mutande con la S di Superman: mi hanno costretto a metterle per tutta la stagione. Che ridere».

Gallinari è anche uno fumino, l'abbiamo visto prima degli Europei, l'anno scorso: in un'amichevole con l'Olanda ha centrato con un pugno Jito Kok, un avversario che gli aveva appena rifilato una gomitata, e si è fratturato una mano. Niente Europei e una salva di polemiche, proprio a lui che è sempre impegnato in iniziative contro la violenza.

Danilo, arrivato ai New York Knicks nel 2008, passato ai Denver Nuggets dal 2011 al 2017, e poi ai Los Angeles Clippers, è diventato un campione superando anche una miriade di infortuni. Ma ha cominciato a palleggiare nei campetti delle vie di Milano quando aveva 6 o 7 anni – «Mi facevo accompagnare da mia mamma,» ha raccontato «tiravo da solo per ore e ore; lei mi guardava e aspettava che io finissi, è incredibile quello che mi ha insegnato, le mie doti sportive vengono da lei, era un'atleta» – e sogna sempre di tornare da trionfatore a casa: «Vincere in America, entrare nella Hall of Fame dei più forti e poi, se le gambe reggono, chiudere la carriera nella mia Olimpia». C'è tempo: i Clippers stanno lottando per scalare la Western Conference e andare a giocarsi l'anello dei vincitori, il trofeo che tutti i ragazzi davanti a un canestro di quartiere sognano. Uno dei prossimi anni potrebbe essere quello buono, magari questo, con Gallinari a fine partita sempre in doppia cifra. Qui abbiamo bisogno di eroi, Gallo, vedi di farci felici.

1° febbraio 2019

Andrea Pirlo

Ci sono momenti, nella storia, in cui certi pianeti si mettono in fila e mischiano eventi all'apparenza normali in un modo misterioso, che fa nascere spettacoli perfetti. È successo al Brescia, nel 2001, quando c'erano Carletto Mazzone, allenatore che ha nutrito i sogni di ogni tifoso di provincia, Roberto Baggio, il quale arrivò alla squadra lombarda con una clausola contrattuale che lo avrebbe liberato in caso di esonero di Mazzone, e Andrea Pirlo, all'epoca una mezzapunta di 21 anni senza tatuaggi né orecchini. Baggio, ovviamente, indossava la maglia numero 10 e giocava appena dietro a Dario Hubner, bell'attaccante triestino, 300 gol in carriera. E Pirlo, dove metterlo? Mazzone decise di infilargli la numero 5 e di farlo giocare a centrocampo. Funzionò.

In quei giorni Pirlo si scopre regista da Oscar, dirige la piccola orchestra delle Rondinelle come se fossero i Berliner, inventa spazi dove non ce ne sono, distribuisce palloni dell'altro mondo e regala al primo violino Baggio uno dei suoi anni migliori. Su YouTube c'è ancora un video della partita Juventus-Brescia di quell'anno: all'86° gli uomini di Mazzone stanno perdendo 1 a 0. Pirlo prende palla sulla linea di metà campo, alza gli occhi e tira un pallone che scavalca la difesa. Baggio è scattato, quando la palla gli arriva fa due cose in una, ammazza il rimbalzo con una carezza girando a sinistra, che vuol dire dribbling sul portiere bianconero, Edwin van der Sar, e la fa rotolare in porta con un calcetto. In campo c'erano tutti e ventidue, ma con due idee e due gesti a cinquanta metri di distanza, la porta è diventata vuota. Magia.

Pirlo ne confezionerà tanti, di gol così: «Ha sempre avuto il grande merito di vedere in anticipo quello che poteva succedere all'interno dell'azione» dirà Baggio di lui. E quell'anno il Brescia finì all'ottavo posto, il miglior piazzamento mai ottenuto in Serie A.

L'anno dopo, nel 2002, Pirlo sbarca al Milan: «Mi provi davanti alla difesa, l'ho fatto con Mazzone a Brescia» dice il bresciano provinciale, nato a Flero, al tecnico rossonero Carlo Ancelotti. Nessuno dei due è di tante parole, ma l'allenatore capisce subito che al bresciano provinciale di Flero non rinuncerà mai.

In nove anni da rossonero Pirlo diventerà «Metronomo», perché dava il tempo di gioco alla squadra, per la precisione balistica e per la costanza di rendimento, e «Maestro», non tanto nel senso di uno che insegna agli altri, ma di uno che sembra nato senza dover imparare niente. Tipo le punizioni. Lui raccontò che aveva imparato guardando il brasiliano Juninho, 75 gol sui piazzati, a tirare la «maledetta», quella che non si sa dove va ma solo come parte, toccata da sotto, con un colpo secco, con le prime tre dita del piede invece che con il collo.

Ancelotti una volta chiosò: «Le ha sempre avute dentro, poi ci si allenava su, ma cose così non si imparano». Risposta indiretta di Pirlo: «L'ho provata mille volte, ma ho capito il modo giusto all'improvviso, una mattina in bagno, mentre facevo la cacca». E Inzaghi concordò: «In effetti quello è il momento in cui si ha la massima concentrazione».

Pirlo ha avuto tutte le qualità e le astuzie del fantasista. Qualcuno, in Spagna, l'ha pure chiamato «Pirlo da Vinci», il genio applicato al calcio. I milanisti ancora non si raccapezzano del perché Adriano Galliani, dopo due scudetti, una Coppa Italia, una Supercoppa italiana, due Champions League, due Supercoppe Uefa e una Coppa del Mondo per club, avesse in mente di venderlo. Soprattutto dopo che la società, nel 2009, si era messa di traverso quando Ancelotti era diventato allenatore del Chelsea e Pirlo avrebbe voluto seguirlo. Non ci fu niente da fare. E allo stesso modo andò un anno dopo: Guardiola lo voleva al Barcellona ma il Milan disse di no. Gli juventini, quando il bresciano provinciale di Flero arrivò sotto la Mole, nel 2011, festeggiarono come bambini il giorno di Natale. Ancelotti ancora una volta la fece breve: «Pirlo voleva più soldi e il Milan non glieli voleva dare. È andato a prenderseli alla Juventus».

Così, Andrea Pirlo arriva a Torino, a 32 anni. Nel 2005, dopo la finale di Champions League a Istanbul persa dal Milan contro il Liverpool ai calci di rigore, aveva pensato di lasciare il calcio: «Mi sembrava che non avesse più senso nulla» ha scritto nella sua autobiografia (*Penso e quindi gioco*). «Non mi sentivo più calciatore e nemmeno più un uomo, non avevo nemmeno il coraggio di guardarmi allo specchio. Dopo quella partita abbiamo creato una nuova malattia, nota come "sindrome di Istanbul" e ancora adesso non so bene davvero che cosa sia successo quella sera.»

Nel 2011, poi, erano i commentatori e i tifosi a crederlo finito, dopo i numerosi infortuni al Milan e tante panchine. Invece, nel maggio dell'anno seguente, Pirlo festeggia lo scudetto con la Juve e sfiora la conquista dell'Europeo con la Nazionale. Di scudetti poi ne arriveranno altri tre, insieme con due Supercoppe italiane e una Coppa Italia. E con la maglia bianconera, da «leader silenzioso che parla con i piedi», come lo definì Marcello Lippi, venne facilmente paragonato all'altro laconico fuoriclasse juventino di Cernusco sul Naviglio, Gaetano Scirea.

I giornalisti britannici, ai Mondiali del 2014, dicevano che il bresciano provinciale di Flero aveva i connotati dell'asceta, tanto sembrava toccato dalla grazia: grazie a lui, alla sua finta su gol di Claudio Marchisio, la Nazionale aveva appena sconfitto l'Inghilterra. In quel torneo, di bresciani provinciali da tenere d'occhio ce n'erano tre: Pirlo, il corrucciatissimo Mario Balotelli da Concesio, con una cresta moderata e nervi poco saldi, e il mister, il non proprio allegrone Cesare Prandelli da Orzinuovi.

Sembravano il trio perfetto e invece il torchio dei tre musoni non bastò. Dopo venti stagioni in Italia, Pirlo nel 2015 se n'è andato al New York City e là, nella grande mela, gli hanno pure dedicato un cocktail. Ha giocato fino al novembre 2017: un mese dopo, il sindaco Bill de Blasio ha proclamato il 6 dicembre «Pirlo day».

Di Pirlo venne scritto che quando si fosse ritirato dalla Nazionale, sarebbe stato come perdere il cervello della squadra. La storia recente ha dimostrato che fu una vera lobotomia. E viene da pensare che, in quel lontano magico 2001 di Pirlo Mazzone Baggio, i pianeti non si fossero messi in fila per provocare meraviglie, ma per vederle e anche fare un presentat'arm.

8 febbraio 2019

Claudio Ranieri

Capisci quasi tutto del calcio quando capisci il calcio inglese, e capisci il calcio inglese quando guardi a Londra. Londra ha 17 squadre di professionisti, e neppure una si chiama London. Tutti quartieri: vale a dire, l'appartenenza conta più della vittoria. È un tipo di appartenenza, quella inglese, che deve essere a portata di mano, una squadra ogni mezzo milione di abitanti è appena sufficiente, e non è una questione dinastica, si può conquistare. È qui che salta fuori il meglio di Claudio Ranieri, che dopo aver giocato in 4 squadre come difensore e averne allenate 17 in giro per l'Europa, ha vinto il suo primo campionato con una cenerentola, il Leicester, che doveva solo salvarsi e che all'inizio in panchina non lo voleva nemmeno.

E adesso, nel tempio del Fulham, squadra di Londra che topograficamente fa a sportellate con il gigante Chelsea e che da sola meriterebbe un romanzo, cerca una salvezza che vale come una Champions. Viene da dire che Ranieri sia capace di imprese per gli stessi motivi per cui è capace di sbagliare tanto e all'improvviso, così come a lungo è sembrato uno bravissimo a leggere la partita secca, o anche periodi, ma in affanno sulle lunghe distanze. Lo scudetto con il Leicester vale il gol di Maradona con l'Inghilterra, corsa con serpentina che in più è durata un anno intero; ha il primato dei derby tutti vinti, con qualsiasi squadra abbia avuto per le mani, perfino a Roma e a Milano. Ma è regolarmente inciampato in rovinose strisce di sconfitte quando i risultati erano lì lì per arrivare, e in vari esoneri. Amarezze che in serie farebbero sballare chiunque, eppure non lo si è mai sentito dire niente fuori posto. Anche in questo c'è una doppia anima: tecnico di grande eleganza e gentilezza davanti ai microfoni, inglese come gli inglesi dei film, con un eloquio serafico e non offensivo, e filosofo della squadra-famiglia e del buonumore così come del brutale lavoro fisico e dell'aggressività in campo. Ranieri è completo nel suo essere incompiuto, incarna l'amore per lo sport, la vera sfida che batte i risultati: uomo batte numeri, sport batte denaro, sorriso batte bestemmia. Così.

In più, per gli inglesi aver trovato un italiano che lavora è talmente incredibile che, dopo l'esperienza al Leicester, se lo sono ripreso volentieri. Eppure, quest'uomo gentile, occhialuto e scanzonato è partito davvero italianissimo, e affatto lord: rione San Saba, incastrato tra quartiere Testaccio, l'Aventino e il Circo Massimo, Roma Sud, dove neanche sembra di stare nella capitale: una piazza, gli alberi, quattro panchine per stare all'ombra d'estate, due fontanelle, un piccolo monumento ai caduti, il mercato, un campo giochi sul prato della chiesa. Poi un'edicola, un bar, pochi negozi di alimentari, una pizzeria, un piccolo teatro. Un paesotto di provincia, se non fosse che tutto porta nomi che richiamano grandezza, come piazza Gian Lorenzo Bernini, su cui guarda la basilica di San Saba e dove Ranieri cominciò a tirar calci al pallone. Era nato lì, figlio di un macellaio, il 20 ottobre del 1951, in uno dei dieci lotti di villini popolari costruiti nel 1914. Cominciò a giocare, come sempre succede, con altri ragazzetti in calzoncini che lo avevano soprannominato, ho letto, «Er Pecione», pasticcione, perché se ne andava in giro con una Lambretta che gli aveva dato il padre per fare le consegne della carne e indossava il camice bianco un po' sporco di sangue. A 16 anni divenne attaccante nel Dodicesimo Giallorosso e fu tesserato per la Roma quando lo notò il Mago Helenio Herrera, che allora allenava la Lupa. A 17 anni, il ct della Primavera, Antonio Trebiciani, decise di cambiargli ruolo, trasformandolo in terzino. Restò a Roma per sei anni, poi una carriera nel Catanzaro, dove fece il record di presenze, poi nel Catania e chiuse nel Palermo.

Ranieri si vestì da allenatore quasi subito: Vigor Lamezia, 1986, una squadretta in categoria interregionale. Nel 1988 passò al Cagliari, Serie C: il presidente gli disse che gli sarebbe piaciuto far salire la squadra fra i Cadetti. Nel Novanta ci sarebbero stati i Mondiali nel capoluogo sardo, stavano ristrutturando lo stadio, sarebbe stata davvero una festa. Ranieri li portò in Serie A: «Ogni mercoledì andavamo nei dintorni di Cagliari a fare le amichevoli, per allenarci ma soprattutto per raccogliere l'affetto dei tifosi, e così riuscivamo a riempire il Sant'Elia». Poi fu la volta del Napoli, il primo anno di Maradona, e della Fiorentina (con la quale vinse la Coppa Italia nel 1996 e la Supercoppa italiana), e del Valencia, dell'Atletico Madrid, del Chelsea (la stampa inglese lo chiamava «Tinkerman», lo stagnino, nel senso di chi aggiusta di tutto con pochi mezzi, oppure l'indeciso, perché dava la formazione sempre all'ultimo). Con Abramovič, che divenne proprietario del Chelsea nel 2003, pagando 60 milioni di sterline, fece così amicizia che una volta, dopo una partita contro il Manchester United, l'allenatore chiese all'imprenditore russo un passaggio con il suo aereo privato fino a Ciampino, come se fosse stato uno strappo al ristorante: «Gli domandai se sarebbe stato troppo lungo fare Londra-Roma, Roma-Mosca: parlò con il comandante e due ore dopo eravamo a Ciampino».

Nel 2007 fu la volta del Parma: «Venni chiamato dal presidente, l'industriale bresciano Tommaso Ghirardi, e mi piacque molto, fu diretto e sincero. "Non so se possiamo darle quello che lei merita, mister" mi disse, e io gli risposi che avrei firmato il loro assegno in bianco, e che poi sarebbe toccato a lui decidere la cifra. Quando me lo riconsegnò, scherzai: "Avevo detto che sarei venuto per poco, ma non per niente"». E poi le grandi: Juventus, Roma, Inter. Vince e perde sequenze di partite, esalta e delude. L'Italia lo stufa, se ne va di nuovo: prima al Monaco, dove fa l'impresa di portarlo dalla Ligue 2 al secondo posto in Ligue 1 in due anni, poi alla Nazionale greca dove è un disastro, tre sconfitte e un pareggio contro squadre debolissime, fuori dagli Europei.

E poi arriva il Leicester City. Qui, nel 2015, sta la ragione per cui tutti gli italiani hanno imparato a pronunciare Leicester come va pronunciato, Lèster. La squadra è il club di una cittadina inglese di 285.000 abitanti, delle Midlands, famosa per aver dato i natali al comico Graham Chapman dei Monty Python, a Gary Lineker, ex centravanti della Nazionale e allo scrittore Julian Barnes. Cioè, per la maggior parte di noi, per niente famosa. E cambia tutto, Ranieri, il calcio inglese, il calcio in generale. Corrono, si divertono, vincono. Nell'impero dei miliardi giocano come in cortile e mettono tutti in fila. Le grandi mollano, secondo arriva il Tottenham. Si torna tutti a sognare, anche qui da noi.

La mamma di Ranieri, la signora Renata, 97 anni, che vive ancora a Torrino, periferia sud di Roma, in un'intervista, dopo aver mangiato con il figlio «una lombatina e un po' di cicoria ripassata» e «fragole con limone e zucchero», racconta che Claudio sui giornali viene chiamato «Re d'Inghilterra». E pensare che all'inizio quei fetenti dei bookmaker britannici puntavano sul suo esonero, mentre la vittoria della Premier dei «Foxes» era data 5000 a 1: meno probabile della scoperta del mostro di Loch Ness, dello sbarco degli alieni, Elvis Presley ottantunenne ancora in vita, il cantante Bono degli U2 fatto Papa. Furono in cinque in tutto il Regno Unito a crederci, a puntare una sterlina e a portarsene a casa 5000. Alla tredicesima giornata, il Leicester era al primo posto, da solo. Poi è arrivata la qualifica in Champions League, la prima volta nella storia del club. Qualche settimana dopo a 132 anni d'età, sono per la prima volta campioni d'Inghilterra.

Ranieri non è amato solo là, nel cuore del Paese, ma da tutti: dagli inglesi, che hanno trasformato *Volare* di Domenico Modugno in «Ranieri oooh oooh», dalla stampa, che ha scritto che è la più grande impresa sportiva di tutti i tempi, e anche da noi. Eppure Ranieri, durante quella cavalcata fuori dal tempo, sembrava tranquillo come un impiegato: usciva di casa ogni mattina, dopo aver salutato la moglie

Rosanna con cui è sposato da quarant'anni, con la cartellina sotto il braccio, e arrivava allo stadio per dire ai suoi giocatori di correre come dei matti («Il Leicester è Forrest Gump»), di guardare avanti come fanno gli scalatori, per poi offrire loro una pizza, che usava... per fare tattica («Se sapessero a Coverciano che cosa vi faccio mangiare, mi caccerebbero a pedate» ha detto ridendo). I difensori sono fondamentali come il pomodoro sulla margherita, disse la prima volta, e poi ai suoi ragazzi disse anche che se non avessero preso gol avrebbe offerto loro ogni volta una pizza. Arrivati nel locale, però, i giocatori scoprirono che avrebbero dovuto impastarsela loro, perché: «Ci dobbiamo conquistare ogni cosa,» spiegò «devono saperlo».

Ranieri ha puntato tutto su un gruppo di titolari che avevano il compito di «spingere» la squadra: prima di tutto, Jamie Vardy, ex operaio con qualche casino con la giustizia, che giocava nelle serie minori. Per sei mesi scese in campo con la cavigliera elettronica e, al fischio dell'arbitro, correva a casa perché aveva il coprifuoco per libertà vigilata. E poi Riyad Mahrez, algerino nato nei sobborghi di Parigi, diventato il miglior giocatore del campionato inglese. E il giapponese Okazaki, il samurai. Loro ci stavano con un maestro così divertente, che agitava una campanella per svegliarli, dilly ding dilly dong, e quella pizza.

Ora Claudio Ranieri scommette sul Fulham, la squadra più tradizionale e antica di Londra, fondata nel 1879 da parte di un gruppo di fedeli della Chiesa d'Inghilterra, che gioca ancora a Craven Cottage, lo stadio costruito nel 1896. Erano partiti malissimo, sono finiti in fondo alla classifica, con l'arrivo dell'italiano magico tutti sperano in un'altra impresa. Per ora ne vincono qualcuna e ne perdono altre. Ranieri risponde di essere matto ma mica stupido, a 67 anni deve averci pensato su così tanto da cambiare «pozione»: «Qui la pizza non basta, serve molto di più. Comincerò a portarli al McDonald's, stavolta ci vogliono gli hamburger».

22 febbraio 2019

Antonio Conte

Negli anni Settanta, Antonio Conte è un bambino che conosce solo due strade: quella verso il mare, e quella per l'oratorio. Come moltissimi suoi coetanei di Lecce, e molti di più prima di lui, anche Antonio Conte calcia il suo primo pallone nel campetto davanti alla chiesa dei monaci di Sant'Antonio a Fulgenzio. In quella parrocchia sulla Via del Mare che in dieci chilometri porta dritta all'Adriatico, fa il chierichetto e, dice oggi lui, viene salvato dalle tentazioni della strada. A stare in oratorio tutto il giorno, di via se ne aggiunge una terza, meno terrena: Conte spesso racconta di andare a messa tutte le domeniche, di pregare durante la settimana, e che la fede lo aiuta a distinguere il bene e il male, di voler fare qualcosa per ripagare tutto quel che di buono ha ricevuto.

Ora, gli oratori sono da ringraziare per molte cose: ancora oggi, anche se poco di moda, sono rimasti l'unico centro d'aggregazione gratuito per i ragazzi e in molti casi fanno pure da «salvavita». Non a tutti, però, lasciano in eredità di credere in Dio: io, per esempio, ho passato la gioventù in oratorio, ma a malapena mi ricordo il segno della croce.

Il padre del piccolo Antonio, Cosimino, era un fissato del calcio: lui stesso era ala sinistra in una squadra dilettante, la Juventina, di cui poi diventò presidente e allenatore (e magazziniere): in quella posizione di prestigio locale Cosimino prese a contagiare Antonio con il mal del pallone, gli insegna i fondamentali, lo allena, finché lo fa esordire nel suo club («Quante volte sgridavo mio figlio ingiustamente» racconta il padre «Era un modo per far capire agli altri ragazzi che ero inflessibile pure con Antonio») e a 13 anni per otto palloni e 200.000 lire lo lascia passare al Lecce: lui, centrocampista, migra fra i «grandi» insieme con Sandro Morello, attaccante. A una condizione: il calcio gli sarebbe stato concesso solo se avesse portato a termine gli studi. Il giovane Conte mantenne la promessa fino in fondo, laureandosi presso l'Istituto superiore di educazione fisica.

La mamma, Ada Briamo, bada ai tre figli, Antonio, Gianluca, Daniele, e cuce abiti da sposa. Li cresce come vengono cresciuti i bambini negli anni Settanta, quando le famiglie cominciano ad avere la certezza di un reddito e qualche soldo inizia a girare: scuola, chiesa, calcio. E si consuma nel vedere il figlio sbucciato e sgarrupato al ritorno degli allenamenti: «Dio ce l'ha dato così bello e tu me lo stai rovinando» diceva al marito. La mamma non smette di rimproverarlo neppure quando il figliolo, nel 1991, sboccia e, appena adolescente, viene acciuffato dalla Juventus: apriti cielo, trasferirsi a Torino. Giampiero Boniperti, allora presidente dei bianconeri, si prese la briga di telefonarle: «Signora, anche noi sapremo trattarlo come un figlio», intuendo che con le mamme leccesi non c'è da scherzare. Tutte le mamme restano mamme per sempre, quella di Conte forse un po' di più, così, ogni volta che andava a fargli visita sotto la mole, il giovane calciatore doveva ripeterle mille volte che non le venisse in mente di portargli roba da mangiare. «Allora mi limitavo a fargli gustare pasticciotti e rustici» ricorda lei: niente da fare, le mamme sono ingovernabili.

Conte ebbe fortuna da subito: al Lecce, dove rimase dal 1987 al 1990 trovò un genio, Carletto Mazzone, che lo allevò e ne fece il perno della sua squadra. Per questo un altro genio che era alla Juve, Giovanni Trapattoni, lo vide e lo puntò, fino a convincere Boniperti. «Era duttile e intelligente. Una forza della natura nella fase difensiva e in quella offensiva: non è un caso che poi sia diventato allenatore. Giocando in mezzo capisci meglio le dinamiche di tutti i reparti» dirà in seguito il Trap.

Conte, alla Juve come prima al Lecce, ci mette poco a diventare una pedina chiave del gioco. La scalata negli anni bianconeri culmina nel 1996, quando diventa capitano, successore di Gianluca Vialli, e vince cinque scudetti, tutte le competizioni Uefa, fatta eccezione per la Coppa delle Coppe cui non ha mai preso parte, si laurea con gli azzurri vicecampione del mondo a USA '94, l'edizione del «rigore horribilis» di Roberto Baggio contro il Brasile, e vicecampione europeo nel 2000 (sconfitti dalla Francia). Lascia il calcio giocato il 4 aprile del 2004: 418 presenze e 43 gol.

L'anno dopo, parte come allenatore: Siena, Arezzo, Bari, Atalanta, di nuovo Siena e, nel 2011, Juventus: dopo sette anni, quindi, torna da mister alla squadra di cui era stato capitano. Il momento è dei peggiori: la società sta metabolizzando il tonfo causato dallo scandalo Calciopoli e Andrea Agnelli vuole riportare al più presto la Juve tra le prime del campionato. Conte vince subito il titolo d'inverno: 11 vittorie, 8 pareggi, zero sconfitte. Chiuderà il campionato imbattuto. E vincerà per i due anni successivi.

Poi, all'improvviso dice basta. Perché se ne andò? Alcuni sostengono che fosse sconsolato perché la società non gli forniva un organico adeguato a vincere in Europa, vedi il mancato acquisto di Cuadrado, Sánchez e Berardi e la mancata conferma della società su Vidal e Pogba, altri parlano di grane nello spogliatoio. Altri ancora che Conte aveva sempre fatto così: o la squadra diventava come la voleva lui, all'altezza delle sue aspettative, o tanti saluti. Lo fece al Bari, quando vinse la Serie B e poi se ne andò. Uguale alla Juve, sulla quale gli scappò il commento: «Un cliente con dieci euro non può sedersi a un ristorante dove se ne pagano cento» disse, riferendosi alla Champions League. E così ha fatto pure quando, nel 2014, è stato chiamato alla guida della Nazionale: voleva degli stage, chiese di anticipare la Coppa Italia per avere una settimana in più da dedicare alla preparazione dell'incontro con la Francia, agli Europei. Gli risposero cicca. E così, nel 2016, se n'è andato di nuovo, in Premier League, a strigliare il Chelsea. Dove è rimasto fino al maggio 2018, lasciando in bacheca una Premier (quarto italiano a espugnare il primo posto, con Ancelotti, Mancini e Ranieri) e una FA Cup.

Ora, per questo allenatore che non sta mai fermo, urla, impreca, insulta, indica, si sbraccia, salta, viene difficile pensare che sia così «santo» e così facile al perdono. Eppure proprio lui raccontò che la sua parabola preferita fosse quella del figliol prodigo, perché insegna a perdonare: «Sì, il perdono fa parte del compito dell'allenatore, altrimenti su 25 calciatori te ne rimarrebbero 10. Prima di perdonare però penso che si debba far capire gli errori: ci deve essere redenzione da parte di chi ha sbagliato».

Che fa Conte, adesso? Niente, forse aspetta l'Inter, l'AD nerazzurro, pensando al dopo Spalletti, pare ci stia facendo un pensierino. Certo, l'Inter non è una fetta di torta, ma forse Conte avrebbe le briglie per tenerla dritta e il nerbo per lanciarla in corsa. D'altra parte, uno che in varie cose gli somiglia, Gennaro Gattuso, una volta disse che Conte sembra Al Pacino in *Ogni maledetta domenica*, uno dei film più belli mai girati sullo sport. A uno così gli si perdona tutto, anche di non essere simpatico («È impossibile essere vincenti senza essere antipatici») e perfino di esser umano, con quel vezzo per i capelli che lo ha portato da pelato (le figurine Panini non perdonano) a una criniera dritta e orgogliosa in mezzo alla quale tuffa le mani quando qualcosa va storto, quando deve trattenersi, quando ha bisogno di aggrapparsi. Ma poco importa dei capelli di Conte, quel che c'è sotto è di prim'ordine, se alla Juve anche quest'anno l'Europa andasse di traverso, se fossi Agnelli un pensiero lo farei. La strada di casa Conte la conosce già bene…

1° marzo 2019

Carlo Ancelotti

Sono pochi gli appassionati di calcio a non saperlo, e quei pochi non vorrebbero saperlo, ma Carlo Ancelotti canta. Canta appassionatamente e malissimo, canta in macchina, quando è da solo ma anche ogni volta che qualcuno glielo chiede. Basta dirgli: dài, canta, e lui via. Davanti a 80.000 persone, o affacciato a un balcone con sotto un pieno di gente, non importa. Niente lo imbarazza: «Per me è come invitare un'oca a bere» dice felice. Per dirne solo un paio, l'ha fatto con San Siro stipato quando con il Milan vinse la Champions nel 2007, e rimane agli atti quando, durante i festeggiamenti per la vittoria in Bundesliga con il Bayern, si affacciò su Marienplatz, prese il microfono e sparò Renato Zero, *I migliori anni della nostra vita*. La sera, alla festa della squadra era stata invitata la cantante Anastacia: e fu subito duetto.

Sta bene sul palco, sta bene in panchina, stava bene sul campo. Negli occhi ha sempre avuto spazi ampi, Carlo Ancelotti, padano per costituzione, nato a Reggiolo, nelle campagne emiliane di Reggio, nel giugno 1959: cresce fra i contadini, le vendemmiate, la nebbia e a volte la grandine, le osterie che fanno angolo dove scorrono fiumi di lambrusco e nessuno è al tavolo senza avere delle carte da briscola in mano. Ancelotti non sembra diverso dagli altri bambini, tira per ore il pallone contro un muretto e poi nelle porte del Reggiolo. Ma a quelle campagne ha detto addio, quando diventa chiaro che non è uguale agli altri: ingaggiato a 16 anni nelle giovanili del Parma, poi in prima squadra, poi nella Roma e poi nel Milan. A Parma è Cesare Maldini che capisce come sfruttare il suo modo di giocare, che è anche un po' strano, per quegli anni: è un centrocampista avanzato, o un attaccante arretrato, con un gran istinto per il gol. Meglio, dà fastidio a due comparti su tre degli avversari.

A Reggiolo c'è tornato nel 1981, per otto mesi e non per motivi felici: aveva 22 anni e c'erano da preparare i Mondiali di Spagna, allenava Bearzot e per Ancelotti era un sogno di quelli che non si riescono nemmeno a sognare. Fino ad allora non si era mai infortunato, e invece, mentre il Mondiale si avvicina, una domenica di campionato, all'Olimpico, si scontra duramente con Casagrande, roccioso centrocampista della Fiorentina: distorsione al ginocchio con interessamento dei legamenti; e di nuovo, è il gennaio 1982, durante un allenamento prima dell'incontro con l'Ascoli i legamenti crociati saltano e finisce ancora sotto i ferri. Un uno-due micidiale, di nuovo a casa. L'unico infortunio che aveva patito prima era stato quando era bimbo: il piccolo Ancelotti era uno che se ne andava in giro a piedi nudi e non si tagliava, che si calava dalla finestra appendendosi a una corda per andare a giocare a pallone e gli andava sempre bene. E invece si fece male la volta che volle fare Felice Gimondi: salì su una bici da corsa e finì contro un camion. Fu subito chiaro qual era lo sport giusto.

Insomma, gli toccò una doppia convalescenza a Reggiolo da mamma Cecilia, la quale gli disse, spietata e consolatoria: «Non pensarci più, al mondo parecchi soffrono e stanno peggio. Invece di andare in Spagna a correre dietro un pallone, starai da noi. In campagna da giugno ad agosto tuo padre non vede l'ora di avere un contadino in più». Lui, Carlo Ancelotti, era fatto di ferro già allora, anche se aveva un ginocchio con più plastica che cartilagini: lo chiameranno «Terminator», gli verrà riconosciuto anche un 20 per cento di invalidità, prima delle partite si scalderà il ginocchio con il phon per ammorbidire le protesi. E al tempo fece spallucce e sopportò i mesi di fermo. E in un certo modo fu un allenamento anche quello, alla pazienza che lo ripagherà nel tempo, quando, da tecnico, passerà attraverso le fisse di Berlusconi e le pressioni dei giornalisti di mezza Europa.

L'umore di Ancelotti, in effetti, ha preso dalle stagioni della campagna: una mattina c'è il nevischio e quella dopo, come se in una notte ci avessero fatto stare a pedate tre mesi, l'aria sa di sole. E quello stop, dice lui, gli è servito: «Ero stato troppo fortunato. Lo confessavo a me stesso che era troppo, e un po' stralunato tiravo avanti con il cuore di un milionario. Ero chiuso, introverso, timido, proprio perché temevo che gli altri si potessero scandalizzare della mia completa felicità. In due anni con la Roma ero arrivato perfino alla Nazionale, avevo bruciato le tappe. No, non era possibile! Io sognavo a occhi aperti, era una favola. Oggi non sogno, alle favole non ci credo più. Sono finalmente maggiorenne e vaccinato». Così, a guarire non ha avuto fretta: proprio come non ne ha, oggi che è un maestro, con i suoi ragazzi. Oggi chi se la passa male, con Ancelotti, è solo la sua gomma da masticare, che maltratta furiosamente durante tutta la partita e sulla quale scarica i chilotoni di stress da bordocampo.

Quanto al calciatore, si erano accorti tutti e subito che era un drago con il pallone tra i piedi. In particolare il compiantissimo Nils Liedholm, detto «il Barone» (l'ultimo della triade svedese degli anni Cinquanta Gre-No-Li, Gunnar Gren, Gunnar Nordhal e lui), che allenava la Roma in quegli anni, dal 1979 al 1984, e che lo portò sul tetto del campionato, con lo scudetto del 1983. Nel 1979 Liedholm andò in fissa per Ancelotti, che aveva corso come un matto per 55 partite nel Parma: lo svedese andò dal presidente giallorosso, Dino Viola, e gli disse che lo voleva assolutamente. L'imprenditore sbuffò: «È un contadino che costa più d'una flotta… e che ha, i piedi d'oro?». L'allenatore rispose in quanto Barone, senza fare un plissé: «La Roma farà un investimento favoloso per quindici anni. Si fidi». Valutazione 1,5 miliardi, per un Ancelotti poco più che ventenne. Al Parma andarono 750 milioni per la metà del cartellino. Per Liedholm ancora oggi Ancelotti ha un amore inscalfibile:

«E mi ha insegnato che non bisogna mai urlare durante l'intervallo, perché ci sono soltanto tre minuti per far arrivare le informazioni».

A Roma Ancelotti fa benissimo in campo ma è guardingo con la vita della capitale, e fa bene: «Non esco mai dal pensionato perché ho paura di perdermi» raccontava. «A Roma non c'ero venuto mai neppure da turista e mi è sembrata tentacolare, immensa.» Per uno cresciuto con il papà contadino, Giuseppe, e che frequentava il collegio dei salesiani quando era a Parma, è tutto troppo strano, troppi lustrini, troppe moine. Era troppa, la Roma degli anni Ottanta. Ancelotti quindi pensa solo al calcio e nella sua ultima stagione nella capitale, 1986-87, diventa capitano della squadra.

Quando passa al Milan, trova dei giocatori che stanno facendo la storia del calcio: van Basten, Gullit, Rijkaard, Baresi, Maldini. Di van Basten ricorda: «Mi diceva, passami la palla e poi corri per venire a esultare con me». Il grande Milan (e in mezzo a tutti quegli olandesi Baresi e Ancelotti non erano mai in campo per caso) e il calcio totale di Arrigo Sacchi. Vincono tutto. Chiude il 24 maggio 1992 a Foggia, partita non difficilissima a dire il vero (finì 2-8): Fabio Capello lo fa entrare a venti minuti dalla fine, doppietta.

Ancelotti ci piace così tanto, e lui lo sa, che si è raddoppiato: suo figlio Davide, 29 anni, ha cominciato a lavorare con il papà al Paris Saint-Germain, nel 2012, come preparatore atletico, e lo stesso ha fatto al Real Madrid. Poi, nel 2016, al Bayern Monaco, è diventato viceallenatore (lo è anche adesso al Napoli). Nessuno in Germania ha mai parlato di nepotismo, tutti dicevano quanto quei due fossero bravi: «Io devo per forza delegare, e delego a lui perché lui è bravo» ha detto Carlo Ancelotti in un'intervista. «Anche la comunicazione è molto più diretta» spiega il figlio.

L'ex ragazzo di Reggiolo, Carlo intendo, l'ha imparato tempo fa, quanto contano i rapporti: ha cominciato come assistente di Arrigo Sacchi, che nel 1994 era alla guida della Nazionale italiana, e c'erano i Mondiali. Con i calciatori si trovava bene perché con tanti di loro aveva giocato: «Ricevevo certe confidenze che altrimenti non mi avrebbero fatto», capiva gli umori della squadra. Oggi tocca a suo figlio, che ci sorride su: «E poi son qua per dirgli quando papà diventa rincoglionito». D'altro canto, a Davide è toccata una sola predica: «Tante volte quando diventi allenatore capisci che problemi hai causato quando eri dall'altra parte» ha raccontato Ancelotti senior. «Molte volte si dice ai propri figli, lo capirai il giorno che diventerai papà. Ai giocatori si dice, invece: "Lo capirai il giorno che diventerai allenatore".»

Ha imparato le lingue, Ancelotti, perché ha allenato il Chelsea, con cui ha vinto la Premier League nel 2010, mentre i tabloid d'oltremanica scommettevano su chi avrebbe fatto prima, Ancelotti con l'inglese o Didier Drogba con il dialetto reggiano. Ed è leggendaria la volta in cui negli spogliatoi non riusciva a spiegare quanto fosse arrabbiato e allora Ray Wilkins gli suggerì: dillo in italiano. Ancelotti sparò un vaffanculo e tutti capirono.

Poi ha parlato in francese, perché ha allenato il Paris Saint-Germain, con cui ha vinto la Ligue 1 nel 2013. Poi ha parlato in spagnolo, perché ha allenato il Real Madrid, con cui ha vinto la Coppa del Re e la Champions League. Poi gli è toccato anche di biascicare un po' di tedesco per il Bayern (ha vinto la Bundesliga nel 2016). «Ma mi incazzo ancora in italiano» dice. E a giudicare quanto ha vinto col Milan in otto anni, incazzarsi serve. Ma anche inventare il «Milan delle mezze punte» è stato utile, quello del modulo ad «albero di Natale»: «Metti dei giocatori bravi e trova la maniera per farli lavorare bene insieme», semplice.

Carletto Ancelotti, come lo chiamiamo noi, ma anche Terminator e Carlo Martello, o Tranquillotti, per quell'apparente bonarietà appicciata su un sorriso sornione, diventato Carlo Magno per gli spagnoli dopo la vittoria dei «blancos» nel Clásico contro il Barcellona, è l'allenatore più amato dai suoi giocatori. L'hanno adorato tutti, Pirlo, Maldini, Nesta, Gattuso, Ronaldo. Perché «per lui sei sempre la stessa persona» disse Hernán Crespo che lo ha avuto al Parma. «Se ti stima, lo fa sia che tu vinca sia che tu perda. Per altri allenatori il risultato cambia la prospettiva.» Ancelotti è uno di campagna anche in campo, e secondo me quegli otto mesi a fare il contadino senza un ginocchio gli hanno tenuto in mente che le cose buone, come certi ricordi, lo sono anche con il brutto tempo.

15 marzo 2019

Valentina Vezzali

Vado pazzo per la scherma e non sopporto di guardarla in tivù, ne vado pazzo perché è stato lo sport della mia gioventù; e come se non fossero passati cinquant'anni, vedo sullo schermo due che tirano di fioretto e il sangue mi va alla testa, mi vien su il magone, non so più stare seduto, vado in bagno e mi pettino per tenere impegnate le mani che ancora cercherebbero il fioretto, poi torno indietro e riesco solo a dare uno sguardo al punteggio, e ciò nonostante non cambio mai canale. Se poi la scherma è femminile tutto si moltiplica per tre o cinque, e Valentina Vezzali sta sopra tutte: è stata quella che molleggiava di più, che scattava di più, aggressiva e impossibile da scoraggiare, in pedana era irriducibile come Boškov: «Partita finisce quando arbitro fischia», chiedete alla coreana Nam che alle Olimpiadi del 2012 pensava di aver vinto il bronzo (lo pensavano tutti), con quattro stoccate di vantaggio a 21 secondi dalla fine, e si ritrovò con la medaglia di legno.

La Vezzali è stata la summa della superiorità delle donne nello sport: in altre discipline, tipo il calcio, saranno anche così così, ma con l'arma in mano diventano supereroi. Sarà perché sono più duttili e intuitive: nella scherma tutto avviene e cambia in frazioni di secondo, è l'adattabilità ai momenti che fa vincere gli assalti. Il genere femminile ha caratteristiche non molto idonee a fare squadra, bisticciano; ma negli sport individuali non ce n'è per nessuno.

La scherma è uno sport con alcune contraddizioni: ha poche e facili regole ma è difficile da seguire perché è molto veloce, tutto accade in pochissimo spazio e con un attrezzo quasi invisibile, perché la lama del fioretto è molto sottile. Per chi non lo ha praticato, in TV non si capisce niente. A proposito, fra le tre armi, io dico fioretto: non mi piace che si possano toccare parti meno nobili del busto, tipo i piedi, come accade con la spada, e trovo poco elegante che si possa prendere l'avversario a mazzate con il taglio, come nella sciabola. Abbiamo campioni con i fiocchi anche in queste due specialità, ma il mio cuore è per il fioretto, che si tiene e si indirizza con due dita, e colpisce un bersaglio limitato, la figura alta. Amo i modi di questo sport, in cui nonostante la furia che può arrivare a esprimere nessuno si fa male, l'avversario e il pubblico sono rispettati e salutati, al di fuori degli assalti tutto è gentile.

La Vezzali, quanto a gentilezza, ecco, bisogna toglierle il fioretto: ha un bellissimo sorriso felino, ma la chiamavano cobra. D'altra parte, è stata la portabandiera di una infornata di fiorettiste tutte fortissime, per cui oltre alle avversarie straniere ha dovuto tenere a bada anche il fuoco amico di due generazioni, una precedente e una seguente alla sua, che oggi vince ancora.

Di lei per primo si accorse Ezio Triccoli, fondatore della scuola di scherma di Jesi: «Signora,» disse Triccoli alla madre, Enrica Beneventi, «deve iscrivere sua figlia». «Ma l'ha guardata bene, maestro?» Aveva 6 anni, era arrivata in palestra solo per accompagnare la sorella, raccontò la mamma, «era magra, pallida, tanto che gli insegnanti della scuola elementare mi dicevano di portarla a vedere da un medico». Triccoli vide solo una bimba che avrebbe portato alle Olimpiadi. «A me quella di Triccoli sembrava una sbruffonata» fece spallucce la mamma «ma vedevo la bambina tornare felice dalla palestra, mi diceva: "Mamma oggi ho giocato e mi sono proprio divertita".» Al maestro era così chiaro quanto fosse forte che non aspettò la decisione della madre e la iscrisse alla scuola di scherma.

Triccoli non era un maestro qualunque: nato a Jesi nel

1915, durante la Seconda guerra mondiale era sergente e venne fatto prigioniero a Zonderwater, un campo di concentramento del Sudafrica (lo racconta Carlo Annese, nel suo *I diavoli di Zonderwater*). Qui conobbe un sottoufficiale inglese che gli insegnò le regole base della scherma usando delle bacchette e delle maschere costruite con legno e materiali di scarto. Quando Triccoli tornò a Jesi, nel 1947, cominciò a insegnare e già l'anno successivo fondò il Gruppo schermistico jesino. Triccoli è stato un rivoluzionario: modificò la posizione del polso per rendere più veloci i movimenti, oggi si chiamano «abbreviature», introdusse gli spostamenti a zigzag e aggiunse nuovi colpi.

Il mio maestro, per fortuna sulla pagina non si vede che mi commuovo, si chiamava Egidio Mazzucconi, io facevo la quinta elementare, non avevo un *ghello* e lui non mi faceva pagare le lezioni. Ero molto diligente e avevo imparato le tecniche così bene che dopo un po' mi «assunse» come aiuto, facevo lo specchio per gli altri allievi. A Bergamo ci allenavamo in una palestra sotto il teatro Duse, poi ci trasferimmo in quella del liceo scientifico. Nei primi anni Sessanta, a 17 anni, arrivai fino agli ottavi di finale dei campionati italiani, a Livorno. Non andai più avanti per incostanza: ero molto forte nei primi assalti, poi qualcosa si rompeva, cominciavo ad annoiarmi e mollavo la presa.

L'Italia, invece, è sempre stata grande: la nostra è una tradizione di eccellenza che risale al tredicesimo secolo. Abbiamo in tasca 121 medaglie olimpiche, siamo la nazione che ne ha vinte di più, con 48 ori. Ma a Jesi, una città da 40.000 abitanti in provincia di Ancona, dev'esserci una strana aria che rende le sportive più battagliere e, per le avversarie, insopportabilmente solide. Qui sono venute su Valentina Vezzali, Elisa Di Francisca, Giovanna Trillini. Jesi è la città più medagliata al mondo: 14 ori, 2 argenti, 6 bronzi.

La Vezzali ha partecipato e vinto in cinque Olimpiadi, tre medaglie d'oro individuali in tre edizioni diverse, più altri tre ori nelle gare a squadre per un totale di nove medaglie (conquistate tra Atlanta 1996 e Londra 2012, quando fu anche portabandiera); ha messo in bacheca 151 titoli di ogni genere, 16 titoli mondiali e 13 europei, 79 vittorie di Coppa del Mondo e 30 campionati nazionali. Triccoli morì nel 1996, a maggio: pochi mesi dopo, alle Olimpiadi di Atlanta, Valentina Vezzali vinse le sue prime due medaglie olimpiche, argento individuale e oro a squadre. È entrata nella storia accanto al più grande fra gli uomini, Edoardo Mangiarotti, il «Re di Spade», che andavo a trovare quando lavoravo al «Corriere della Sera», il maestro aveva casa e palestra proprio in via Solferino, a Milano; e Nedo Nadi, unico ad avere vinto l'oro in tutte e tre le armi in una stessa olimpiade, record mai battuto, con cinque ori ad Anversa 1920. Perfino «Topolino» onorò Nadi, dedicandogli una storia a fumetti.

La Vezzali si abituò fin da piccola a combattere contro qualcosa: quando suo padre Lauro si ammalò – era l'aprile del 1989, a 50 anni gli venne il cancro alla gola, lei ne aveva appena 14 – era convinta che impegnandosi a scuola e nello sport avrebbe sconfitto la sua malattia perché le gioie lo avrebbero fatto rialzare dal letto. Quando lui morì, lei tornò subito in pedana: la settimana dopo venne interrogata in storia e prese otto, e quella successiva vinse il suo primo Mondiale Under 17.

È sempre stata ossessiva: «Quando avevo dieci anni, stavo seduta e non parlavo con nessuno perché pensavo che diventare amica della mia avversaria avrebbe potuto condizionare il mio modo di condurre l'assalto. Quando ho iniziato a gareggiare, se vincevo 5 a 1, per quel punto perso piangevo. Avevo l'obiettivo di vincere tutto, di avere dei figli e dimostrare di poter vincere lo stesso».

La chiamano cannibalessa, killer, tigre, non è mai stata simpatica a nessuno. Non ci ha neanche provato, e qualcuno le ha dato ragione, come l'ex azzurra Dorina Vaccaroni: «La scherma è un'arma. È duello, agonismo, combattimento. Non si possono avere amici tra i compagni. Io non ne avevo. È far finta di voler bene alla tua compagna di squadra che trovo terrificante e ipocrita, quando sei pronto ad accopparla».

Celebre e acclamata, per un attimo ha messo il naso anche in politica, ma con poca fortuna. Dopo essere stata eletta nel 2013 nelle liste di Scelta Civica (viveva tra Jesi e Roma, si allenava al Foro italico e quattro sere la settimana andava a dormire nella foresteria del Coni, mentre i suoi due figli erano a casa col padre), qualcuno propose il suo nome come ministro dello Sport del governo Renzi: contro la sua nomina partì una petizione che raccolse 25.000 firme, la questione si chiuse così. Su YouTube è ancora possibile vedere uno spezzone del 2008: Vezzali e Berlusconi nello studio di Bruno Vespa, a «Porta a Porta», lei si avvicina al Cavaliere, allora capo del governo, e gli porge un fioretto, a lui dedicato. S'inserisce Vespa: «Vediamo come se la cava, presidente». E Berlusconi: «No, non potrei mai, nemmeno con un fiore». La Vezzali gli si avvicina, lo guarda negli occhi senza sbattere le palpebre: «Presidente, io da lei mi farei veramente toccare», giocando sul doppio senso del verbo tecnico. Berlusconi guarda il fioretto, lo poggia e abbozza.

La giornalista sportiva Emanuela Audisio la inquadrò benissimo: «Una che t'infilza, veloce e cattiva, che ti taglia le ali, perché pensa che il tuo volo impedisce il suo. E urla di rabbia, una cosa a metà tra Munch e Tardelli. Perfetta per lo sport, ringhiosa e attenta all'attimo».

La campionessa ha due figli, Pietro e Andrea. Ha vinto a Lipsia il suo quarto Mondiale consecutivo a quattro mesi di distanza dal primo parto. Nel 2013 aveva otto anni di più, ma, dopo tre mesi dalla nascita del secondo figlio, vinse l'oro a squadre ai Mondiali di Budapest e sfiorò anche il podio individuale. Si è sempre allenata con i figli accanto: quando avevano fame, posava il fioretto e li allattava.

Valentina Vezzali per me è come Coppi o Bartali, come Tomba, Pantani. Ma lei ha amato Pietro Mennea, che per vincere doveva prendersela con qualcuno e non credeva nella predestinazione, cattivissimo e maestro di cattiveria, ma con un sorriso molto meno bello.

26 aprile 2019

Lanfranco Dettori

Se passo per essere un uomo burbero c'è un motivo, è che diffido dei miei consimili e loro non fanno mai niente perché io mi ricreda. Divento una mammola invece davanti agli animali, i gatti, i cani, sopra a tutti i cavalli. I cavalli mi hanno conquistato nel corpo e nell'anima. Ne ho avuti tanti, mi hanno sempre ripagato di ogni attenzione. Adesso vi dico due cose. Rif, che oggi ha 28 anni, una bella età, qualche tempo fa aveva mal di denti. Ho speso un po' di soldi e glieli ho fatti rifare nuovi, tutti. Esatto, come i cristiani. Rif, che vive in una tenuta a Bagnata, sui colli di Bergamo, oggi bruca e mastica come un ragazzo, e niente può farmi più contento: se un cavallo divide con me 28 anni di vita, deve passare bene la vecchiaia. È un mio amico. Era un mio amico anche Zambo, che morì a 26 anni di leucemia, e io gli rimasi accanto fino a che non respirò più, e tenni la sua zampa tra le mie mani, e mi venne su la strozza in gola.

Gli italiani sono dei beoti, avevamo una buona tradizione ippica, ma i ministri dell'Agricoltura nei decenni hanno abbandonato questa disciplina sportiva al suo destino, il resto lo hanno fatto dirigenti senza scrupoli: fatto sta che oggi non vanno più né le corse né le scommesse, soppiantate da slot machine nei bar e videopoker al computer. E pensate che siamo stati proprio noi, quando eravamo i Romani, a portare i cavalli e le corse di là dalla Manica, nel tempo in cui l'imperatore Claudio, nei primi decenni del cristianesimo, diede il via alle campagne di conquista della Bretagna.

Oggi gli inglesi trattano ancora l'ippica come un bene nazionale, e le scommesse pure. Noi, di questa bellissima tradizione, possiamo aggrapparci ormai solo a Lanfranco Dettori, detto Frankie, che però, e non a caso, è da quasi trent'anni il miglior fantino del mondo. Frankie Dettori è nato a Milano quarantotto anni fa, figlio d'arte di un fantino fenomenale, Gianfranco, che già aveva esportato il nome di famiglia in Inghilterra e aveva fatto strage di titoli: 3798 vittorie in carriera, secondo assoluto nella storia dell'ippica italiana. Classe 1941, Gianfranco è nato in Sardegna, che lasciò in cerca di fortuna: suo papà era un minatore di Serramanna e l'idea di tornare a casa nero tutte le sere e di morire giovane non lo attizzava. Così, ancora ragazzino, se ne andò a Roma: trovò posto come garzone alle scuderie dell'ippodromo delle Capannelle, e di notte, per tirar su ancora qualche soldo, faceva il lavapiatti in un ristorante del centro. Arrivò il giorno che gli cambiò la vita: all'ippodromo c'era un cavallo indomabile che faceva paura a tutti. Gianfranco non aveva mai montato in vita sua, ma sentì qualcosa parlargli dentro, salì in groppa al cavallo e l'animale decise che gli stava bene.

Fu Gianfranco a spedire il figlio Lanfranco in Inghilterra appena ebbe compiuto 14 anni. Lo mandò a Newmarket, nella contea di Suffolk, due ore di macchina da Londra: «Va' e impara il mestiere» gli disse. In realtà, ha raccontato Dettori figlio in un'intervista, il papà aveva una paura matta dei rapimenti: l'Italia era nel mezzo degli anni di piombo e pensò di mettere suo figlio al sicuro. Nel 1985 Lanfranco divenne allievo fantino nella scuderia del *trainer* italiano Luca Cumani. Il cognome che porta sembra non pesare, lo fanno lavorare duro e lo chiamano semplicemente Frankie. Ha lo stesso talento del padre, forse di più, e in breve agli occhi degli inglesi questo italiano alto 1,63, 55 chili di peso, diventa un gigante.

Nel 1990 Dettori, che non ha ancora compiuto vent'anni, inizia a vincere nelle corse di gruppo: arrivano la fama e i primi soldi. Lo sceicco di Dubai Mohammed bin Rashid Al Maktum mette gli occhi sull'italiano e lo nomina prima monta della sua scuderia, la Godolphin.

Al Maktum aveva visto giusto: d'altra parte, gli arabi sono storicamente i più grandi esperti di equini, la cavalleria araba fu un'arma rispettata e temuta dal Medioevo all'inizio del Novecento. Ma soprattutto, i cavalli arabi sono così belli e prestanti da aver dato origine a tutte le generazioni di campioni che gareggiano nel mondo. I purosangue, infatti, sono nati alla fine del Settecento, discendono in linea maschile da 50 fattrici della Corona britannica, le Royal Mares, e da tre stalloni arabi orientali entrati nella storia, Byerly Turk, Darley Arabian, Godolphin Arabian. Per inciso, le Mares erano orientali di varie origini, velocissime, selezionate sui 400 metri. Le «corse di gruppo» sono le più importanti perché servono alla selezione delle razze purosangue, e sono regolate con un complicato sistema di calcoli che tiene conto anche dell'età e del peso dei fantini: solo i cavalli vincenti e i piazzati potranno dare origine a una generazione di nuovi campioni.

Ci sono stati due momenti in cui la faccia di Frankie Dettori è apparsa su tutte le prime pagine di giornali e riviste del Regno Unito. La prima volta accadde il 28 settembre 1996: *Sette vittorie in un pomeriggio trasformano gli uomini in dei,* titolò il quotidiano londinese «Times». Dettori diventò l'uomo delle «Magnificent 7», le magnifiche sette: aveva vinto tutte le sette corse di Ascot, il tempio assoluto dell'ippica, un'impresa che lo ha reso immortale nell'albo d'oro più prestigioso del mondo. Un successo irripetibile, impossibile, e quotato uno sproposito, che ai bookmaker costò 40 milioni di sterline. Si racconta che un solo scommettitore puntò sulle sette vittorie di Frankie il corrispettivo di 100.000 lire italiane, e tornò a casa con 1,5 miliardi. Si racconta anche di tale Mary Bolton, che per l'anniversario di matrimonio aveva ricevuto in regalo una schedina da cinque sterline (solo un marito inglese è capace di una cosa così): una multipla su tutte e sette le corse con vincitori i cavalli montati da Dettori. E ho letto anche di un altro tale, Darren

Yates, proprietario di una falegnameria che stava per chiudere, anche a causa del denaro sperperato nelle scommesse: la moglie gli aveva vietato di avvicinarsi all'ippodromo, allora lui giocò di nascosto varie combinazioni centrate sui purosangue di Frankie, totale 67 sterline. La falegnameria andò salva, e credo anche il matrimonio. Al fantino italiano, dopo quella vittoria, dedicarono una statua all'ingresso di Ascot, e nel 2000 Dettori è stato nominato membro dell'Ordine dell'Impero britannico per meriti sportivi.

La seconda volta in cui la sua foto finì su tutte le prime pagine inglesi è meno edificante, ma indicativa di quanto i sudditi della regina abbiano la testa piena di cavalli. Era il 2012, Barack Obama era appena stato eletto presidente degli Stati Uniti per il secondo mandato, la guerra in Siria era scoppiata da poco sull'onda delle primavere arabe, e nello Stato di New York milioni di persone erano senz'acqua per un problema all'acquedotto. Tuttavia, giornali e TV diedero come prima notizia la disavventura di Frankie, che era risultato positivo a un controllo antidoping in Francia, a Longchamp: il referto disse cocaina e gli costò sei mesi di squalifica. «L'uomo a cavallo più famoso dopo John Wayne», come lo definiscono gli inglesi, con in palmarès oltre tremila corse, fra cui tutte le più importanti al mondo e decine di milioni di euro in premi, abbastanza amico della famiglia reale da farsi un gin tonic davanti al caminetto con la regina Elisabetta, e star della TV, venne dato per finito.

Invece bastò lasciar passare un po' di tempo e, a 45 anni, il 4 ottobre del 2015, in groppa a Golden Horn, si presentò di nuovo sulla pista di Longchamp e conquistò per la quarta volta il Prix de l'Arc de Triomphe, la corsa principale del calendario europeo. Si è ripetuto nel 2017, con la femmina Enable, segnando il record di vittorie al Prix, e una sesta volta l'anno scorso, sempre in sella a Enable.

Dettori mi piace perché usa poco o niente il frustino, ama e capisce al volo i cavalli, si ricorda ancora in ordine quelli con cui vinse le Magnifiche 7: Wall Street, Diffident, Mark of Esteem, Decorated Hero, Fatefully, Lochangel e Fujiyama Crest. Due anni dopo il trionfo con Crest, venne a sapere che il cavallo era a un'asta in Galles, destinato al macello. Lo comprò per 2000 sterline e se lo fece portare a casa. Crest è rimasto nella sua famiglia – Dettori è sposato da ventidue anni ed è padre di cinque figli – fino al 2016, ed è morto di vecchiaia.

Anche in gara Dettori ha la qualità di «sentire» il suo cavallo, è delicato nei comandi e sa che non può dominare la potenza dell'animale, ma guidarla e gestirla sì. Per questo il nostro campione ha vinto in qualsiasi percorso e in qualsiasi gara, al contrario di altri fantini, bravissimi ma senza il tocco magico per capire chi stanno cavalcando. Esatto: ho scritto chi, e non che cosa. Perché il rapporto fra cavallo e cavaliere funzioni, infatti, i due devono raggiungere una intimità telepatica, «parlarsi», e per questo non è banale che un fantino faccia davvero la differenza. Infatti il cavallo forte è veloce di per sé, ha l'istinto di correre perché in natura è una preda. Non è bene inseguirlo standogli dietro, perché il suo calcio difensivo è letale, quindi il predatore è costretto ad affiancarlo, per attaccarlo e farlo cadere. Per questo motivo ognuno cerca di stare davanti agli altri del branco, che ci sia qualcuno sulla sua schiena oppure no.

Anche io possedevo dei cavalli che facevano le gare: Vittorio Feltri Hans, per esempio, ha guadagnato in un solo anno 200 milioni di lire in premi. Da solo, manteneva sé e vari altri. Ma i cavalli, con vostra e soprattutto mia sorpresa, sono anche animali molto divertenti. Quando andavo a trovare Rif, qualche anno fa, appena mi giravo di spalle lui con la bocca mi prelevava il portafoglio dalla tasca posteriore dei pantaloni. Riacciuffarlo era impossibile, Rif è alto 1,70 al garrese, io allungavo il braccio e lui tirava su il muso, irraggiungibile. Se volevo indietro il mio portafogli dovevo consegnargli il riscatto di qualche carota.

Quando mia moglie andava nella tenuta per raccogliere la frutta degli alberi che avevamo piantato, arrivava con due secchi vuoti da riempire con le pere. All'andata nessuno dei cavalli la degnava di uno sguardo, ma quando tornava dalla raccolta con i secchi pieni, veniva inseguita fino a casa. Rif va matto per la frutta, specialmente per le more di rovo: allunga le labbra, che gli diventano enormi come quelle di una presentatrice rifatta, e le prende una a una, con chirurgica pazienza, finché sono finite.

Ho sentito che Dettori ha intenzione di correre fino a cinquant'anni e che, come Valentino Rossi, smetterà di entrare nelle gabbie di partenza solo quando non si divertirà più. Ma in un'intervista ha detto anche che baratterebbe il suo prossimo successo solo per... incontrare Adriano Celentano: «Mia madre, Ines Maria, faceva la contorsionista in un piccolo circo che nel 1963 fu distrutto da un incendio» ha raccontato il fantino. «Celentano si presentò per portare solidarietà, ho ancora un vecchio filmato della RAI che racconta tutto. Lei mantiene un bellissimo ricordo di quella visita: le piacerebbe incontrarlo ancora una volta.» Dettori vive in Inghilterra da quando aveva 14 anni, ma rimane un italiano: solo a un italiano verrebbe in mente di barattare una vittoria con un regalino alla mamma.

3 maggio 2019

Arrigo Sacchi

Qualche tempo fa mi sono imbattuto in un vecchio articolo di Gianni Brera, datato maggio 1990, che magnificava il trionfo dei rossoneri nella finale della Coppa dei Campioni di quell'anno contro il Benfica, al Prater di Vienna: *Il trionfo della tattica* era il titolo di «Repubblica». L'artefice di quella vittoria, ma soprattutto di una stagione in cui il Milan portò a casa anche la Supercoppa europea e la Coppa Intercontinentale, era Arrigo Sacchi. Quell'anno in campo c'erano Aldair, van Basten, Evani, Rijkaard e Gullit, il quale «scuoteva la chioma nera come un impetuoso leone,» scrisse Brera «più ricco di slancio che di idee». Oggi li ricordiamo come dei supereroi, ma Brera vedeva più lungo di tutti. Le idee dei giocatori non erano indispensabili, anche perché di norma sono poche, ma la bacchetta in mano al direttore d'orchestra sì, ed era «di raffinata perfidia»: visione strategica e sapienza tattica fecero la differenza, i giocatori grandi si esaltarono, quelli meno grandi sembrarono dei giganti.

Sacchi non piaceva a tutti, era facile che qualcuno si risentisse quando diceva, e dice ancora oggi, che il calcio non dipende tanto dalla qualità dei calciatori quanto da quella, per l'appunto, delle idee. I singoli, se facevano i singoli, gli stavano sulle scatole. Escluse dal Mondiale americano Gianluca Vialli, fece assaggiare la panchina a Beppe Signori: «Io ho visto squadre con giocatori mediocri o meno che mediocri giocare molto bene». Per esempio, quando Sacchi era direttore tecnico del Real Madrid, nel 2004, i «blancos» avevano a disposizione un attacco stellare: Beckham, Raúl, Ronaldo, Zidane, Figo, e come riserva Owen, eppure non vinsero niente. «Accanto a me, in tribuna, sedeva sempre il grande Alfredo Di Stéfano, presidente onorario del Real, e non finiva mai una partita. Diceva: "Altro spettacolo brutto e noioso, me ne vado".» Funziona come al cinema: se metti insieme un mucchio di attori favolosi, niente garantisce che il film sia un capolavoro, anzi il più delle volte viene fuori una schifezza, perché i produttori pensano che avere il cast sia sufficiente e invece, senza una bella trama e un ottimo regista, è solo costoso e non basta per niente. «Ricordo» racconta Sacchi «un detto di Brecht: "Senza un copione ci può essere solo improvvisazione e pressapochismo".» Il copione è il gioco, che viene impartito dall'allenatore e che viene poi migliorato o peggiorato dalla qualità dei singoli. «È il giocatore che è al servizio del gioco, non il gioco al servizio del giocatore.»

Ecco, ho deciso di raccontarvi Sacchi a partire dalle sue spiegazioni (e da quelle di Brera), perché è un uomo straordinariamente lucido di mente, oltre che alla sommità del capo. Uno dei pochi che non ha avuto bisogno di «interpreti» e la sua filosofia l'ha sempre spiegata con parole sue. Romagnolo nato nel 1946 a Fusignano, nelle campagne del ravennate, «il Profeta» a partire da metà anni Ottanta è stato certamente il maggior innovatore calcistico di fine Novecento. Da ragazzo lavorava nell'azienda di calzature del padre, Augusto, e intanto aveva cominciato a giocare. Era un difensore e nelle squadre dilettanti se la cavava appena. Era anche un po' figlio d'arte, perché Augusto aveva giocato nella Spal. Ma quel che Arrigo aveva di speciale erano la passione e la fissazione. Papà una volta raccontò che quando il figlioletto aveva appena 5 anni, un giorno se lo era perso nel parco delle Terme di Montecatini, e lo ritrovò che, salito in cattedra di fronte a una piccola folla di persone, teneva banco sul calcio e soprattutto sull'Inter, che era la sua squadra del cuore.

Arrigo, dunque, giocò in difesa nelle giovanili del Baracca Lugo senza grande successo, mentre a scuola non andava meglio che in campo: mollò ragioneria a due mesi dalla fine dell'ultimo anno. Fu forse l'unica volta che non applicò, per se stesso, quello che diventerà il suo verbo, «umilté e intensité», con le vocali chiuse e strizzate alla romagnola, come le pronuncia Crozza quando di Sacchi fa l'imitazione. Ma il ragazzino aveva delle qualità: sapeva parlare bene, aveva facilità con le lingue straniere e sapeva porsi con le persone. Augusto decise di valorizzare questa indole estroversa e lo prese a lavorare nella sua ditta, con l'incarico di rappresentarla in giro per l'Europa. Con l'ingresso nell'azienda di famiglia, la storia di Sacchi come sportivo sembra quindi essere già finita, ma il destino ha deciso diversamente. Con i piedi è quasi negato, ma più in alto la testa pensa sempre al pallone. Durante i suoi viaggi lavorativi, nelle pause il giovane Arrigo va in giro per stadi e campi, guarda come giocano gli altri, impara come si allenano, e comincia a collezionare idee. Folgorato dall'Ajax di Rinus Michels e di Ştefan Kovács, s'innamora del calcio totale dagli olandesi, del Liverpool di Bill Shankly, del Brasile di Pelé.

Tornato in Italia, alcuni amici gli chiedono di mettere mano al Fusignano, allora in seconda categoria. Nel 1971 il Feyenoord di Ernst Happel, massima espressione del calcio totale, vince la Coppa dei Campioni e poco dopo, nel 1972, Sacchi diventa allenatore del Fusignano. Non ridete, niente di Sacchi è un caso: sono gli anni del calcio ragionato e dell'innovazione tattica. Sacchi passa all'Alfonsine e poi al Bellaria, in Serie D. A questo punto dice basta al babbo e si iscrive al corso di Coverciano, prende il patentino di allenatore.

Nel 1982 è alle giovanili del Cesena dove conquista lo scudetto Primavera («A Cesena guadagnavo in un anno quello che a casa intascavo in un mese» raccontò), poi arriva a Rimini, in C1, passa ai giovani della Fiorentina, torna a Rimini. Infine, a Parma, lo aspetta il trampolino di lancio: nel 1985 lo chiama Ernesto Ceresini, presidente dell'era pre-Parmalat. Sacchi riporta la squadra in Serie B. È nella stagione 1986-87 che Berlusconi lo punta: il Parma fa secchi i rossoneri due volte in Coppa Italia: zona, pressing, degli indemoniati. Il Cavaliere, che non sa resistere a chi lo maltratta, raccoglie notizie su questo chierichetto romagnolo e decide di incontrarlo. A tutti sembra un azzardo che andrà a finire malissimo, ma Berlusconi è convinto e i soldi sono i suoi: niente Capello, niente Liedholm, voglio Sacchi. Così, il 3 luglio 1987, Sacchi sbarca nella sfiziosa Milano di fine anni Ottanta, e comincia la storia di una delle squadre più forti di tutti i tempi.

All'inizio non va benissimo: lui stesso disse che fu così difficile che rischiò di non mangiare il panettone. Nonostante l'arrivo di Gullit e di van Basten, dei terzini Mussi e Bianchi portati dal Parma, nonostante Tassotti, Ancelotti, Maldini, Baresi, Donadoni, Evani, Virdis e Bortolazzi, l'Espanyol sconfigge il Milan al secondo turno di Coppa Uefa. Ma Berlusconi aspetta, e non sbaglia. Il Milan batte 3 a 2 al San Paolo il Napoli di Maradona e Careca, e vince lo scudetto anche senza van Basten, la cui caviglia è già di vetro sottile. Fuori dai confini, è ancora meglio: vince due volte la Coppa dei Campioni (1989 e 1990), la Supercoppa italiana (1989), due Supercoppe europee (1989 e 1990) e due Coppe Intercontinentali (1989 e 1990).

Avrei avuto anche un altro modo di raccontarvi «Sacchi secondo me», evocando il mio amato San Culo. Lo hanno fatto tutti, soprattutto quelli che lo hanno detestato perché Sacchi un po' matto lo era. Ossessivo, maniacale perfezionista (Paolo Maldini disse che i suoi allenamenti erano «folli»), si è consumato come ha consumato i suoi calciatori. Con qualche eccezione, Ancelotti per esempio. Il tecnico di Fusignano aveva capito che era un mostro, ruppe le scatole a Berlusconi che gli aveva fatto la conta degli infortuni e arricciava il naso, finché lo convinse. In risposta, Ancelotti fu ogni giorno quello che arrivava prima agli allenamenti e dopo studiava. Un sogno. Sacchi divenne ancelottiano, e Ancelotti rimase sempre sacchiano.

Sacchi era un gran spaccamaroni: ripeteva ai calciatori le sue istruzioni di continuo e ogni giorno, sempre le stesse cose, finché non era certo che entrassero loro nella testa. Ma alla fine, tutti i tecnici più bravi hanno preso da lui: Guardiola, Mourinho, Bielsa, Ancelotti, tanti altri. Nel 1989, dopo che in pochi mesi il Milan aveva vinto tutto il vincibile, quando Baresi e Carletto gli dissero «siamo i migliori del mondo», lui rispose: «Sono le dieci e mezza, lo siamo ancora mezz'ora, poi si ricomincia daccapo». Però fu anche quello che disse di no a un contratto sontuoso che il Parma gli aveva offerto, dicendo a sua moglie: «Non voglio essere il più ricco del cimitero»; e quando se ne andò dall'Atletico Madrid, annunciando il ritiro, rinunciò a far valere le clausole del contratto che lo avrebbero coperto d'oro, fra i 7 e gli 11 miliardi, scrissero i giornali spagnoli: «Se ti dimetti» commentò «non puoi guadagnarci». Quando ha riprovato, di nuovo a Parma nel 2001, ha mollato subito per lo stress. Tanzi gli diede la sedia di direttore tecnico e lui lanciò Gilardino, uno che poi ha fatto dieci anni di gol.

Dicevo di San Culo. Un po' di fortuna un grande tecnico la deve avere. Secondo Machiavelli conta per il 50 per cento, secondo Sacchi per il 25. La leggenda del «culo di Sacchi» nacque nel 1988, quando una nebbia assurda salvò il Milan che stava perdendo a Belgrado contro la Stella Rossa, sospensione e vittoria nella partita rigiocata, evento fortunoso che gettò le basi della Coppa dei Campioni anno 1989, vinta contro lo Steaua Bucarest. Gli hanno imputato rigori sbagliati dagli altri come se fossero caduti fulmini dal cielo e gol all'ultimo minuto, come se l'ultimo non fosse un minuto come un altro; in Nazionale dissero che la sua squadra era appesa a Roberto Baggio (che comunque nel 1994 sbagliò il rigore decisivo). Balle, Sacchi è stato aiutato dalla fortuna perché era favoloso lui, e il culo va dove gli si fa posto.

Quanto alla Nazionale, ci arrivò, si narra, perché i giocatori del Milan non ne potevano più di faticare così tanto, lo dissero in coro a Berlusconi e il Cavaliere, che non ha mai lasciato a piedi nessuno che gli piacesse, mise una buona parola mentre in Federazione, nel 1991, cercavano un successore a Vicini. Non era il suo ambiente, non poteva far impazzire quotidianamente nessuno, le partite all'anno erano poche: con il suo modulo ci voleva tempo, e i suoi Azzurri di rado li si vide giocare bene, alla Sacchi. Ci fece comunque sognare fino al 120° più calci piazzati a USA '94; mentre gli Europei di due anni dopo, fuori al primo turno, furono il suo canto del cigno.

Sacchi, il quale a uno studente che gli rimproverava di esser stato una scarpa come giocatore rispose: «Per essere un grande fantino non è necessario essere stato un cavallo», è stato un fanatico monacale, e a dire il vero senza grande fantasia, cambiò la marcia a un gioco che non era veloce e spietatamente atletico come quello di oggi; la sua rigida follia (fece comprare a Berlusconi una trentina di giocatori, poi usava sempre gli stessi) con applicazione sadica e cura del dettaglio ha distrutto gli avversari e perfino il fattore campo, soprattutto fuori dall'Italia: e con un sistema solo, e senza vere marcature, e senza curarsi troppo dei portieri. Funzionò, perché finché quelle signorine strapagate dei calciatori ti seguono, se sai costruire un buon martello, le pinze, le brugole e i cacciavite non ti servono: quel che devi spaccare, lo spacchi.

10 maggio 2019

Daniele De Rossi

Come tutti sanno, io non sono tifoso della Roma, ma ai giallorossi riconosco una grande pazienza nel credere in risultati che non arrivano mai, e soprattutto una fedeltà ai loro colori pura e inossidabile, a 24 carati. Anche se ho il sospetto che la fede calcistica, date le condizioni in cui versa la città eterna, sia l'unico orgoglio esercitabile rimasto ai romani – e pure quello con parsimonia di classifica –, ho rispetto del loro incrollabile attaccamento alla storia e alla gloria del tempo che fu, la Repubblica, l'Impero, le conquiste e le fondazioni. Il simbolo della Roma è la Lupa, Francesco Totti l'ottavo re di Roma, Daniele De Rossi il gladiatore. A dare soprannomi i romani sono imbattibili, e credo anche che i loro rimandi all'età dell'oro siano ben congegnati: immagino facilmente Totti, essenziale e balistico, raffigurato in una statua di marmo bianco, vedo senza difficoltà De Rossi bardato da mirmillone, un tipo di gladiatore che portava un elmo decorato, era protetto da un grande scudo chiodato e parastinchi di bronzo, e combatteva con la spada corta chiamata gladio. Una corazzata, che nello scontro ravvicinato diventava letale: come De Rossi in campo, che del gladiatore ha avuto anche una certa inclinazione per la rissa che gli ha procurato in carriera più di un grattacapo. Ho divagato, perché, confesso, ancora oggi, pur essendo longobardo, ho un debole per il mondo latino, lingua con la quale ho avuto una certa confidenza negli anni della mia gioventù, quando scatenò in me una passione che non ha mai conosciuto declino.

A me il latino l'ha insegnato un monsignore, Angelo Meli, priore della basilica di Santa Maria Maggiore, bellissima chiesa di Bergamo Alta, con le sculture del Fantoni. Insegnava «eloquenza» in seminario. Avevo 17 anni e ogni giorno mi dava lezioni di latino. In un anno e mezzo mi impartì ciò che normalmente s'impara in cinque anni. Era alto, magro come un chiodo. E oltre tutto quel che so di latino, che parlava come una seconda lingua mischiandola al dialetto bergamasco, mi ha insegnato due cose: la prima, che dovevo sognare, «Perché se non sogni non ne realizzi neanche uno» diceva. La seconda, invece, è più un vizio: dopo le nostre ore di studio, tirava fuori due bicchieri e, parsimonioso qual era, versava a me e lui tre dita di vino bianco, un Pinot grigio. Non c'è giorno che non mi vengano in mente quelle lezioni così dense e così faticose, e le sue calze rosse, come usavano indossare i preti di un certo rango.

Ho divagato di nuovo, ma dovevo spiegare da quanto lontano viene il fatto che De Rossi mi garba. Di vittorie da festeggiare nella capitale ce ne sono mai state molte, ma lui ha sempre fatto spallucce: disse che non si sente un vincente ma certamente non può considerarsi uno sconfitto: una perfetta fotografia anche della Roma. A luglio De Rossi compirà 36 anni, ha portato sotto il Cupolone due Coppe Italia, nel 2007 e nel 2008, nel 2001 la Supercoppa italiana. È rimasto in grembo alla Lupa fino alla settimana scorsa, l'unico posto in cui si può essere a buon titolo un gladiatore, anche se molte squadre gli hanno fatto la corte, e nonostante si sia laureato campione del mondo nel 2006 (in finale segnò uno dei rigori, quasi sempre maledetti per la nostra Nazionale, con la Francia, con l'Argentina, con il Brasile). È il quarto giocatore italiano con il maggior numero di presenze in Nazionale, 117, e con 21 gol in azzurro è il calciatore non attaccante più prolifico del dopoguerra, secondo in assoluto dopo Adolfo Baloncieri (che Gianni Brera considerava il miglior interno di tutti i tempi, come

Meazza, come Mazzola, e scriveva che il suo era un centrocampo «euclideo»).

De Rossi, che giochi o no, o che l'anno prossimo vada a giocare all'estero, è una cosa sola con la sua città, tanto da sostenere che Ostia, la frazione dov'è nato nel 1983, è meglio di Copacabana, e che quelle spiagge romane, quella pineta in cui andava a correre per allenarsi, non le cambierebbe neanche con le più belle del mondo. Viene dalla strada, e lo dice con fierezza, ma dice anche che quelli che dicono «La strada è l'unica maestra di vita» raccontano balle: ognuno fa le esperienze che fa, prende gli insegnamenti dove si trova, che sia una strada o un salotto.

Quando cominciò a giocare come terzino nelle giovanili dell'Ostia Mare era gracilino, con una scodella bionda di capelli: e così lo si vede nella foto con cui ha firmato la lettera di saluto ai suoi tifosi, alla fine di questo campionato, per dire che è solo un arrivederci, con una didascalia che toccherebbe il cuore anche a un orco: «Perché sei felice? C'ho la maglietta della Roma. Ma non è che è falsa? Ma no, il numero l'ha cucito mia zia... E se te dico che la indosserai più di seicento volte? A me ne basterebbe una di partita».

Ha sempre detto, senza vergognarsene, che da ragazzo era un cacasotto, per niente tenace, e che l'aggressività l'ha sviluppata negli anni. La Roma lo vede giocare e lo cerca quando lui non ha ancora 10 anni, nel 1992: il piccolo Daniele dice di no, vuole stare ancora con i suoi amici, non gliene importa niente di vedere e di conoscere qualcosa di nuovo, gli piace quello che ha. Due anni dopo le idee sono cambiate: così, approdato alla squadra che lo vestirà per 18 anni, fino alla settimana scorsa, si scopre trequartista e sboccia grazie all'ex allenatore del settore giovanile Mauro Bencivenga (solo più avanti diventerà centrocampista mediano): «Mi ha aiutato a velocizzare il gioco, ma soprattutto mi è servito tatticamente, perché ho in dote i movimenti degli attaccanti, quindi li capisco prima quando difendo». Nel tempo libero non sdegna di fare il raccattapalle: «Poteva succedere che non giocassi, ma il raccattapalle non me lo poteva togliere nessuno». Porta il numero 9, quello cucito dalla zia che fa la sarta, perché stravede per il campione tedesco, ovviamente giallorosso, Rudi Voeller. Porterà poi il 16 per onorare il maggior ispiratore del suo stile di gioco, l'irlandese Roy Keane.

In realtà, il modo di giocare di De Rossi è stato così personale (come tutto di lui, la barba alla moda e i tatuaggi sbiaditi sulle braccia, lo sguardo in una eterna sfida e la pacatezza con cui commenta le vittorie mancate) che tutti gli hanno affibbiato somiglianze diverse: Luciano Spalletti lo definì «come un navigatore satellitare: lo imposti e lui sa già la strada e la posizione da raggiungere. Pensa a tutto lui». Marcello Lippi lo paragonò agli inglesi Frank Lampard e Steven Gerrard. E altri hanno osservato che, per la naturale autorevolezza e per la visione delle situazioni in campo, da giovane era già vecchio.

Ma soprattutto è un calciatore duttile, allergico agli stereotipi del pallone: quando lo chiamarono regista, cioè quello che sta al centro del gioco e decide come deve girare la squadra, lui commentò che regista può essere chiunque, basta che sia bravo. Io sono meno generoso e aggiungo, molto molto bravo: De Rossi è uno che ha giocato un calcio pensato, tecnico, in grado di impostare il gioco all'alba dell'azione. In più, da fuori area tira in porta degli scaldabagni e il suo colpo di testa è temibile come un affondo con il gladio. Ha cominciato giocando davanti ma si trova meglio dietro, nella posizione che fu di Franz Beckenbauer, con la palla sempre davanti a sé, e nella fase difensiva distruttore della trama avversaria, prima che i «barbari» arrivino alle porte (di calcio) di Roma.

Per uno che ha avuto la maglia tatuata, più che indossata, e che ha un temperamento assai fumantino («Ci sono alcuni che mi giudicano e non distinguono un pallone da una noce di cocco»), De Rossi, espulsioni e cazzotti a parte (in carriera ha preso 15 cartellini rossi), ha saputo dimostrare una certa pazienza: ha vestito per tre lustri i panni di Capitan Futuro, cioè predestinato a sostituire Totti, quando Totti però non se ne andava mai: così la fascia è arrivata solo l'anno scorso, giusto il tempo di diventare Capitan Passato.

Ma De Rossi ha amato Totti come un fratello minore ama il primogenito: «Non capita a tutti di giocare 16 anni con il proprio idolo». Con gli allenatori non è andata sempre bene, con Zeman non si sono capiti, con Rudi García poco mancò che se ne andasse ma poi tutto si aggiustò, con Spalletti un disastro. Pallotta non è un allenatore, ma è quello che se ne è prese più di tutti, quando ha silurato il capitano per fare spazio a una nuova Roma che chissà come sarà, senza più bandiere. Ma, come si dice, oggi viviamo in un mondo liquido, e gli uomini solidi non sono tanto di moda.

Anche l'immagine con cui De Rossi ha lasciato la Roma è stata da gladiatore, con le braccia in alto il tempo del giro-campo e poco più al suo Colosseo, lo stadio Olimpico, così diverso dal trionfo imperiale dell'addio di Totti, magniloquente e regale. E come un gladiatore antico, il suo carattere non gli permette di congelarsi nella pensione, e nemmeno lo vedrei, per ora, su una panchina a bordo campo. Daniele De Rossi è più latino di Totti: quando ha detto di avere «un solo rimpianto, quello di poter dare alla Roma una sola carriera», mi è tornata in mente una frase che d'Annunzio ha inciso sul frontone del Vittoriale, rubandola a Seneca, il quale a sua volta l'aveva rubata a un poco noto poeta del primo secolo avanti Cristo, Rabirio: «Io ho quello che ho donato». Davvero, senza più bandiere né eroi antichi, chissà che calcio triste sarà.

31 maggio 2019

Rocco Commisso

Qualcosa mi si è mosso, non so se sia un bene o un male, quando ho sentito Rocco Commisso, nuovo padrone della Fiorentina, ai microfoni delle TV italiane. Mentre parlava tutto intorno a lui ha preso un color pastello, come nelle pellicole in Super8 ritrovate dopo cinquant'anni in uno scatolone. Dev'essere la parlata, o il sorriso più grande della sua intera stazza da Danny DeVito.

Bruttarello, in abiti indistinti, con qualche pelo sfuggito al rasoio, ma tracimante di una viscosa autostima della quale intinge le persone intorno, sembrava, non so, un sindaco della provincia americana che saluta alla festa per la sua elezione. Ha un modo di esser vittorioso così felice e privo di dinieghi, «medio» e senza paura, così americano, il contrario, per dire un esempio, del trionfalismo eugenetico di Ronaldo, che ha ogni fibra collocata nel corpo con precisione euclidea. Commisso, invece, esprime una magnificenza imperfetta che me lo fa sentire familiare. È ricchissimo, potente, lo è diventato partendo da emigrato che vale zero, da sbarco a Ellis Island in fila con uomini con il cavallo basso e donne baffute, da valigia in cartone chiusa con lo spago. Ma anche oggi, degnato del tappeto rosso di «Forbes», questo «che» non lo ha abbandonato, anzi, ho l'impressione che se lo tenga lì con sé come un pacchetto di foto di famiglia; come ammonimento, forse?

Non saprei, ma il modo in cui quest'uomo intelligentissimo parla è seducente come un profumo di cibo che riporta all'infanzia, una nostalgia per l'America. A partire dalla parlata «broccolina», cioè quella speciale corruzione della lingua che vale per tutti gli americani non nati in America e per gli italiani di Brooklyn è un giro di paiolo che mischia un inglese raccogliticcio con le espressioni dialettali del Meridione. E che nell'accento porta una appena percettibile malinconia, la eco delle sue radici. In quell'intercalare c'è una intera epica letteraria e cinematografica, la risacca dell'uomo che parte perché deve partire e che torna perché non può fare a meno di tornare, Robert De Niro che in tutti gli anni di mezzo è «andato a letto presto».

Penso che questa cosa sia uno dei suoi segreti, e credo anche che Commisso lo sappia. Non si tratta di «quel che è rimasto del sogno americano». È invece come se il sogno americano fosse giovane, un arbusto rigoglioso, il Dorian Gray degli ideali, e forse nel fondo degli uomini della mia generazione e delle due o tre seguenti quell'idea lo è ancora. Dico, al limite, dei quarantenni. Oggi non lo so, nei ventenni, nei sedicenni. Questi ragazzi non sanno molto, non imparano volentieri dal passato, o forse a loro, fortunati, non serve. Per non dire delle nazioni lontane. Nei Paesi arabi, in Asia, in Russia, Commisso non funzionerebbe. Parlano lingue senza suoni in comune con le nostre, scrivono con segni che non sono lettere, e di mammasantissima hanno i loro, tutto è pieno di misteri.

Io sono cresciuto nella provincia dell'alta Italia, immerso in una cultura postbellica centrata sul lavoro e sulla speranza, che con il sogno americano, seppure traviato dall'italianità degli italiani, ha ricostruito in quindici anni un Paese che era solo macerie e l'ha trasformato in un altro. L'italiano che ce la fa in America non mi fa pensare alla fuga dei cervelli, come oggi sembra non si possa fare a meno, ma a un'idea del mondo, della democrazia e della società degli uomini che continua a piacermi: la capisco e mi appartiene. Se oggi un arabo o un cinese comprasse il Colosseo, vedrebbe uno spazio per un parcheggio o un centro commerciale occupato da un rudere. Gli americani sono stati attenti a non tirarlo giù neppure in tempo di guerra. Resto convinto che, nonostante il passare del tempo e le incertezze sul futuro, ci somigliamo ancora, ci apparteniamo. E come un fratello che non si conosce se non perché viene dalla nostra stessa famiglia, per me un italiano che vince in America è un italiano compiuto, un superitaliano, che ha superato i limiti dell'italianità e ne ha portato le qualità alle estreme conseguenze del successo.

Bene, per la Fiorentina io spero sempre le migliori cose, per i viola ho una predilezione del cuore: ho cominciato a seguire il calcio l'anno del loro primo scudetto, nel 1956, lo sport è diventato una passione bruciante e la maglia gigliata non me la sono più staccata di dosso, ho perfino chiamato Fiorenza mia figlia, non me ne voglia l'Atalanta, che è la squadra della mia città e che oggi, in effetti, mi infiamma altrettanto. Ho tremato per il rischio retrocessione, sono amico dei Della Valle, anche se non ho condiviso il cambio di panchina: mi piaceva Pioli, mentre Montella mi è sembrato più una sciagura. Abbiamo finito sedicesimi, secondo peggior piazzamento di sempre. Credo che San Culo ci abbia messo una mano sulla testa.

Commisso ha il peccato di gioventù di essere stato tifoso della Juventus (a Firenze è una cosa grave), ma mastica bene il calcio, ancora meglio gli affari del calcio: è padrone del Cosmos, la storica squadra newyorchese resa famosa dai finali di carriera di Pelé, Beckenbauer e Chinaglia, che ha salvato dal fallimento (e con lei la Lega americana del soccer) nel 2017, quando militava in seconda divisione e stava andando che peggio non si può. La sua prima mossa è stata spostare le partite casalinghe dallo stadio James M. Shuart, a Long Island, all'MCU di Coney Island, così i tifosi ci possono arrivare più facilmente.

Oggi Commisso ha un patrimonio di 4,8 miliardi di dollari, ha 4600 dipendenti in 22 Stati e dichiara con orgoglio di non aver mai dovuto tagliare un posto di lavoro. Ma è figlio di un falegname, Giuseppe, andato a cercare fortuna in Pennsylvania: nato nel 1949 a Gioiosa Ionica, a cinque chilometri in linea d'aria dal Mar Ionio anche se a guardare l'orizzonte vedi le cime dell'Aspromonte, a 12 anni, con le due sorelle e la mamma, salì su una nave e raggiunsero tutti il babbo sulla costa est degli Stati Uniti d'America. Giuseppe era stato prigioniero in Africa durante la Seconda guerra mondiale: quando arrivarono gli americani e gli aprirono la gabbia, capì che erano meglio loro di casa sua, dove non c'era più niente di buono. Abbandonò la famiglia, si sistemò negli States e, dopo aver trovato come campare, si fece raggiungere da moglie e figli. Un anno dopo il loro arrivo, si trasferirono nel Bronx, allora il posto peggiore di New York: verso la fine degli anni Sessanta, infatti, molti lavoratori che avevano casa lì si spostarono in nuovi quartieri costruiti per la classe media. Fu un momento di crisi sociale: il valore delle abitazioni subì un tracollo, i proprietari assoldavano piromani per dar fuoco ai palazzi e almeno intascare i soldi delle assicurazioni. Accadde per il 40 per cento delle proprietà; la zona sud del quartiere non era diversa da una città messa a terra dalle bombe. I Commisso vivevano lì.

Il giovane Rocco, come tutti gli italiani che attraversavano l'Atlantico, non sapeva un'acca di inglese e all'inizio a scuola era un disastro, ma tre cose si era portato con sé dall'Italia: la fissa del pallone, la fisarmonica e la capacità di dedicarsi a qualcosa senza distrarsi. Da bimbo, racconta, faceva il portiere: giocava con gli amici di fronte alla stazione ferroviaria di Marina di Gioiosa Ionica, così chi arrivava e chi partiva era costretto a guardarli. E lui, per non fare brutte figure, si buttava sull'asfalto per prendere la palla. «Era il modo per farsi scegliere in squadra» ha raccontato. Tornava a casa che sembrava passato su una grattugia, sognava di parare rigori a Charles e Sivori, leggeva «La Gazzetta» dal barbiere: le pagine erano piene di Juventus. «La palla era fatta di stracci e vecchie mutande. Non ho mai avuto un regalo. Ma mia mamma Rosina non mi ha mai fatto sentire povero.»

Quando arriva in America, cambia la lingua, una fatica, non cambiano la fisarmonica, i libri da studiare, il pallone. Ma qualche cosa è scattato: si iscrive a un liceo privato – per metter via i soldi necessari a pagare la retta si era messo a lavorare quaranta ore alla settimana – e ottiene una borsa di studio alla Columbia University. Anche se non gioca più da portiere, è merito del calcio, «altrimenti non me la sarei potuta permettere, non ero così bravo: centrocampista e dopo stopper. Ma allora nel soccer non c'era la concorrenza di oggi». Si legge che si arrabattasse mettendo insieme non più uno ma tre lavori, inclusa la consegna pizze a domicilio all'insaputa della madre, la quale non voleva che suo figlio si dedicasse a lavori tanto umili.

Una volta laureato, in ingegneria industriale, inizia a lavorare alla Pfizer, gigante dell'industria farmaceutica; dopo un master in economia, trova una scrivania prima alla Chase Manhattan Bank poi alla Royal Bank of Canada. Sul finire degli anni Settanta, Commisso, accanto al lavoro nel settore finanziario, mette gli occhi, e le mani, sull'Act III, una discoteca del Bronx che spara i successi di Pupo, Little Tony e i Camaleonti: «Con mio fratello li abbiamo fatti venire tutti lì. Suonavamo anche Gloria Gaynor, ma sa come sono gli italiani: quando ballano la ragazza vogliono stringerla». Passa il tempo, e arriva il momento in cui la sera manda a casa i parenti su una limousine bianca. Ce l'ha fatta.

Negli anni Novanta, capisce prima di molti che l'El Dorado è nelle TV via cavo: nel 1986 acquista da Time Warner la Cablevision, per nove anni ne è il direttore finanziario. Nel 1995, fonda Mediacom: il settore sta perdendo la bussola, i nuovi regolamenti federali creano scompiglio, i prezzi aumentano e la concorrenza ammazza i piccoli operatori. Quelli vendono e lui compra: investe 3 milioni di dollari, praticamente tutto quello che ha, e si porta a casa le linee di TV via cavo più economiche, punta sui mercati di seconda categoria, dove nessuno pensava di ricavarci qualcosa. Lui, invece, decolla: a cinque anni dalla fondazione, Mediacom viene quotata in borsa a Wall Street. Ora colosso dei servizi via cavo, la sua società fattura 1,7 miliardi di euro e ha sempre chiuso i bilanci in crescita, secondo la scheda che gli dedica la rivista «Forbes». Nel 2011 la società ha lasciato la Borsa e Commisso ha acquisito l'87% delle quote: «Sono fondatore e proprietario unico». È entrato così nella classifica miliardari stilata da «Forbes», con un patrimonio di 4,3 miliardi di dollari (oggi circa 4,8 miliardi).

Come andrà con i viola, vedremo, speriamo. Intanto l'uomo («Solo Rocco, *please*: niente mister o ingegnere: quelli sono titoli e contano niente») è irresistibilmente simpatico, a partire dal perché si ricorda di Firenze: «Venni qui nel 1973 per fare una vacanza e vidi tante belle donne: pensavo che avrei fatto il playboy, poi ho conosciuto mia moglie due settimane dopo». E sul Milan, che nel 2018 non è riuscito a comprare per un soffio: «Mister Li? Non l'ho mai visto... So che ha perso più soldi lui in un anno che una singola persona nel resto del mondo». Davanti ai giornalisti ha fatto l'italiano del Sud: «A New York passo inosservato, qui tutti mi riconoscono», ringrazia «gli abitanti di Marina di Gioiosa Ionica per il modo in cui mi hanno cresciuto e mi hanno reso onesto»; gli vengono le lacrime e chiede tempo e pazienza, «che qui devo imparare». Un copione che neanche Sergio Leone, film che non stancano mai.

14 giugno 2019

Federica Pellegrini

Andando a sentimento, la cosa che più mi avvicina a Federica Pellegrini è il suo orrore per la promiscuità dell'acqua, che è meno un paradosso di quanto sembri, e che io condivido: ho letto infatti che la nuotatrice italiana non ama il mare perché la sua profondità e il buio ignoto che contiene la intimidiscono. Pure io sono un saldo avversario del mare e dei laghi, anche se per un motivo prosaico e di verso opposto: mentre lei teme quanto sotto si possa andare, a me inquietano le cose che potrebbero galleggiare. Per questo anche io, se proprio devo nuotare, cosa che tutto sommato mi piace, preferisco la piscina, meglio ancora se di qualcuno che conosco e delle cui abitudini igienico-acquatiche mi fido. Io sono un tifoso del cloro.

Faccio queste considerazioni perché, se nel mio caso a parlare è uno schifiltoso di prima categoria, nel suo è uno dei mille indici, fra grandi e minuscoli, della libertà mentale della nostra campionessa. Una delle più grandi nuotatrici di tutti i tempi che in certi casi non ama l'acqua: mi piace.

Ho cominciato a capire quanto la Pellegrini sia speciale, con quella doppia natura di sportiva e di donna di spettacolo, quando, a fronte delle sue ripetute imprese da velocista in vasca, ho pensato a quanto il nuoto sia spesso uno sport ingrato per chi ci dedica la vita. Non è l'unico, per carità, ma oggi parliamo di questo. Il nuoto, infatti, è uno sport spietato con il corpo e agro con le menti non perfettamente disciplinate. Rispetto al calcio, al tennis, alla pallacanestro, non offre il fianco alla fantasia, non dà possibilità di sfuggire a una sconfitta con un colpo di teatro: il nuoto non ha gol in rovesciata, non ha volée e passanti che chiamano gli applausi, né canestri all'ultimo centesimo, né strategie da scacchista. Non c'è lo spazio per tracciare traiettorie dadaiste, non si possono curvare palloni in luoghi sottili, perché le curve nemmeno ci sono: la linea del nuoto è una sola, è cucire la vasca di dritto e di rovescio, avanti e indietro, più veloci che si può. Ma anche in questo è una velocità diversa da quella di un pilota da corsa, come Villeneuve che andava a sbattere perché voleva provare se una svolta poteva essere affrontata «a tutta». La velocità del nuoto è ingrata, è incatenata al ritmo più che alla sorpresa, è partorita dalla gestione dell'energia più che da uno spreco generoso.

Difficile, insomma, essere un eroe in una disciplina così dura, e anche così onesta, per cui non puoi schivare una sconfitta con un numero da circo. Sei costretto a vincere, il «bel perdente» è una figura non prevista. Si è vestiti più o meno tutti uguali, la bravura è misurata sulla perfezione nel ripetere lo stesso gesto, perfino lo spettacolo delle forme nello sforzo atletico è mortificato, più di metà del corpo è sotto la linea dell'acqua, quel che resta fuori è annebbiato dal pulviscolo agitato dalle bracciate. Forse è lo sport più solitario che ci sia.

Non è un caso che l'andante delle mamme che portano i figli in piscina è: «Il nuoto è l'unico sport completo». «Completo», quindi con un'identità che non prevede la crepa del difetto, della mancanza umana attraverso cui passa la luce. Garrincha non avrebbe mai potuto nuotare. I corpi stessi dei nuotatori sono un'esagerazione della perfezione, di una estetica quasi unisex. Non fraintendetemi, il corpo della Pellegrini è bellissimo, ma di una bellezza scolpita per il fare, non per l'apparire. Non è un modello ma un paradigma; non rappresenta un ideale patinato, ma una concreta conformazione dedita alla massima efficienza. Non conosce fotoritocco, non conosce chirurgia plastica, anche le diete sono funzionali invece che isteriche e decorative.

Per questo la Pellegrini è una grande sdoganatrice al popolo del suo sport, oltre che una stella di prima grandezza portatrice di undici record del mondo. La sua seconda natura, di giovane donna per niente sovietica cui piacciono le cose femminili, si mischia con sorprendente sapienza all'atleta suprema. Per entrare nell'immaginario collettivo fare su e giù in una vasca piena d'acqua non è in sé attraente, è lei che lo fa diventare sexy. Per questo, credo, la chiamano «Divina».

Di atlete belle e forti ce ne sono state altre, e anche dedite al gossip, Laure Manaudou, con la quale ha ingaggiato un duello a colpi di primati, o Franziska van Almsick, ma solo Federica ha resistito per vent'anni alle cadute e agli urti del tempo. Dichiara che il suo sogno è sempre stato di essere la prima sportiva a fare cose riservate ai maschi (ha una venerazione per Oriana Fallaci): ma mentre con una mano dispensa medaglie all'Italia, con l'altra mostra al pubblico dei social la pelle tatuata (mi pare sia arrivata a undici), porzioni del suo corpo, un giorno i glutei semicoperti, un giorno le unghie pittate, un giorno una mise vedo-non vedo, un altro i capelli viola da assassina psicopatica (commento non mio) e così via, con arguzia e un ferino istinto di provocatrice.

È in questo modo che la Pellegrini ha fatto diventare bello uno sport da batteristi, privo di spazi utili per la creatività; anzi, lo dico senza intenzione di offendere, piuttosto brutto da guardare, le cui strategie sono invisibili e la cui essenza è la prevalenza fisica e quindi perfettamente olimpico. La intravedi soggiogare le avversarie nella nebbia di gocce d'acqua e pensi all'altra Federica, quella che si fa fotografare con ai piedi delle pinne con il tacco (fu un regalo di Fabio Fazio quando andò ospite di «Che tempo che fa»).

Riuscire a essere due cose e rimanere la stessa persona espone all'irrequietezza. Essere irrequieti indirizza l'ansia: per esempio quella che per un periodo la fece cadere in attacchi di panico che la prostrarono tanto da farci temere che gettasse la spugna, tentazione che non ha mai nascosto di aver avuto. Ha mangiato più allenatori lei di

Maurizio Zamparini nel calcio, dopo la morte del suo guru, nel 2009, Alberto Castagnetti, che l'aveva cresciuta in vasca, fino all'incontro con Matteo Giunta, che la guida dal 2014. Giunta è stato anche il coach di Filippo Magnini, con cui la Pellegrini ha avuto una relazione lunga e tormentata, e il capitolo fidanzati è un altro tasto dolente del mondo chiusissimo del nuoto professionistico. Magnini (per un periodo) condivise il cuore della Pellegrini con il quattrocentista Luca Marin, che ne era il compagno dal 2008 (con molto nervosismo di Castagnetti), il quale a sua volta era stato il fidanzato dell'eterna rivale Laure Manaudou. Telenovele.

La Pellegrini è irrequieta anche nel modo con cui cerca regolarmente di sviare le aspettative altrui. Nel 2013 disse a tutti che per i Mondiali di Barcellona aveva preparato solo i 200 dorso, che andarono male. Allora disse che già che era lì avrebbe provato i 200 stile libero: vinse l'argento, e poi lo rivinse a Kazan nel 2015. Annunciò che non avrebbe più corso il 200 stile libero, poi vinse l'oro a Budapest nel 2017. Periodicamente buttava lì che si voleva ritirare; subito dopo ha sempre piazzato un colpo. Ai Mondiali di Hangzhou, nel 2018, grande delusione per il quarto posto sui 200, disse che si era preparata giusto un paio di mesi e finse di essere soddisfatta.

I 200 stile libero sono la sua gara. Ha provato con la distanza dimezzata, ma è troppo corta, la sua forza è la rimonta, e per la rimonta serve spazio: Federica funziona come una molla, per cui, una volta caricata, negli ultimi 50 metri, mentre le altre controllano o faticano, lei comincia a spingere come una turbina.

L'altra sua gara è non farsi mettere le briglie. Non ebbe esitazioni a rifiutare di portare il tricolore alla cerimonia inaugurale delle Olimpiadi perché non voleva stare per ore ferma in piedi con le gare in vista poco dopo. Gli italiani sono patriottici zero e moralisti a mille, ne seguì una canèa che durò giorni. Non fece una piega.

Federica Pellegrini compirà 31 anni lunedì. Vien da ridere a farle gli auguri, dovrebbe farli lei a noi. L'anno prossimo la vedremo per la quinta volta alle Olimpiadi, a Tokyo.

I Giochi sono stati più volte la sua kryptonite: Londra 2012, Rio de Janeiro 2016, due delusioni a un soffio dal podio, dopo preparazioni accurate e trionfi benauguranti. Fa niente: nel suo medagliere un oro olimpico c'è, a Pechino nel 2008 (prima italiana a vincere un oro nel nuoto) più un argento ad Atene nel 2004, la più giovane medagliata italiana nella storia, aveva 16 anni. Perse l'oro per distrazione, non si accorse che la romena Camelia Potec stava arrivando da una corsia lontana e finì beffata. Ma soprattutto 6 ori, 4 argenti e un bronzo ai Mondiali; 7 ori, 4 argenti e 4 bronzi agli Europei.

Che in Giappone vinca o no, la sua presenza è un bene. Per lo sport e per lei, che nelle sue comparsate nel «vero» mondo dello spettacolo ha mostrato ancora qualche tratto acerbo: discreta ma non di più come giudice a «Italia's Got Talent», un po' peggio a recitare negli spot pubblicitari, dove, per quanto ho potuto vedere di recente in TV, mostra ancora un certo impaccio che fatica a mascherare senza risultare artificiale e antipatichina. Mara Maionchi, che è una scout di vaglia, ha raccontato di essere rimasta impressionata dalla sua capacità di concentrazione. C'è tempo. Quando a Federica, smessi i costumi e gli allenamenti, toccasse applicarla a tempo pieno a una nuova carriera, per molte attricette e soubrettine potrebbero esser dolori.

2 agosto 2019

Mario Balotelli

Prima del calciomercato, le cronache avevano lasciato Mario Balotelli a Napoli che istigava per gioco un amico offrendogli 2000 euro se si fosse buttato nell'acqua di un porto con lo scooter, e ci era toccato perfino di difenderlo, su «Libero», perché per quanto avesse fatto un'ennesima pirlata, avevo visto esplodere una salva di esecrazioni a suo carico (perfino qualche magistrato diligente ma forse un po' troppo ingolosito dal suo nome, da far brillare a favore del proprio) e una eco sui media di quattro giorni, una frequenza che a malapena si dedica all'arresto a sorpresa di un latitante importante.

Lo dico perché per me Balotelli è sempre stato una spina nel fianco: io detesto chi butta via i doni che la natura gli concede, ma alla pari non sopporto anche la noia e i moralisti. A 29 anni, è arrivato all'età della maturità sportiva, ha una prestanza fisica smisurata e il talento non cade dalle tasche e lo si perde. Inoltre, fra i calciatori italiani non è che si contino frotte di uomini di fantasia, capaci di scatenare entusiasmi e corsa agli abbonamenti: la moda italiana è di allevare e educare magnifici tori forti e levigati nel corpo, costanti nel rendimento; ma alle società, se vogliono accendere il pubblico, tocca rivolgersi altrove, lo dimostra il boom esterofilo di questa estate. Fra i nostri, poca roba, Lorenzo Insigne, forse, che non a caso è amico del Balo, almeno in azzurro. Fianco a fianco i due sembravano l'articolo «il», ma quando sono ispirati quattro piedi italiani così buoni in campo non è facile vederli. L'anno scorso, quando Mancini li convocò per giocare la Nations League, i due a Coverciano erano compagni di camera: ovviamente Mario lo prendeva in giro, lo chiamava Lorenziello e una volta esagerò pubblicando sui social un disegno in cui lo teneva in braccio vestito da neonato. Insigne si rabbuiò e il fratellone lo dovette rincuorare dicendogli che non poteva vivere senza di lui.

Si diceva dell'entusiasmo. Il presidente del Brescia Massimo Cellino è un manager avveduto e a Balotelli guardava da tempo, smentendo tutte le voci che da mesi giravano nell'ambiente, mentre i tempi maturavano. Poi a fine giugno il Decreto crescita è diventato legge: grazie a questa norma viene tassato solo il 50 per cento del reddito imponibile dei calciatori che tornano o arrivano in Italia dopo due anni all'estero e poi restano nel nostro Paese almeno due anni. Questa è la ragione per cui il mercato ribolle di stelle come se avessimo vinto il Mondiale: avere un campione in casa è un doppio affare, per le ambizioni popolari e per la cassa.

Quanto a Balotelli, l'unica cosa che si può sperare è che ci sorprenda, anche se confesso che molte delle sue mattane mi hanno divertito parecchio; ma io non faccio testo, perché ho il privilegio di essermelo goduto senza doverlo subire, al contrario di Mancini, che non riesce a non volergli bene anche dopo tutte quelle che gli ha combinato. Oggi il massimo che l'allenatore della Nazionale può concedergli, come ha dichiarato, è di non avere pregiudizi e attendere segnali solidi di redenzione prima di convocarlo di nuovo in squadra. Ma Mancini è anche il ct che più di tutti a causa sua ha annegato le mani nei capelli, avendo la fortuna di averli intatti e lunghi alla sommità del capo (finché Mancini ha i capelli può tranquillamente convocare Mario). Il paradigma di come funzionava allora il cervello del Balo è tutto in due scene che ricordavo e che sono andato a rivedere su YouTube, entrambe nel 2011. Nella prima il City era a Los Angeles e giocava un'amichevole con il Galaxy. Il City era in vantaggio di un gol grazie a un rigore segnato dal centravanti bresciano, il quale avrà pensato di aver già fatto il suo minimo. Per cui, imbeccato rasoterra in area, lo si vide accelerare con un taglio perfetto a un metro dal cerchio del rigore, arpionare la palla e, mentre avrebbe avuto un paio di giorni per tirare a botta sicura prima che i difensori lo raggiungessero, esibirsi in una veronica del tutto decorativa e, una volta spalle alla porta, produrre un orribile raspata di tacco che finì fuori di due metri. Mancini lo fece subito uscire dal campo, non si sa se per punizione o per proteggerlo dai compagni, che davano evidenti segni di esasperazione. Lui si rinchiuse nello spogliatoio fino al 90°, non si sa se per la vergogna oppure offeso.

La seconda scena è, mi dicono, diventata un virus sulla Rete. È intitolata «la pettorina di Rubik», risale anch'essa ai tempi del Manchester City e si è ripetuta nel 2014, quando Mario era al Liverpool. Nel video lo si vede al campo di allenamento cercare di indossare la pettorina colorata che si usa per le partitelle, per un paio di minuti, mettendo, togliendo, attorcigliando, infine aiutato prima da uno, poi da tre assistenti. Non posso credere che non facesse apposta, in ogni caso non si può dire che abbia una mente matematica.

E qui dovremmo aprire un'altra parentesi, quella del «minimo». Balotelli crede o, almeno finora, ha creduto fermamente nel «minimo». I suoi inizi stagione sono sempre confortanti, a volte dirompenti, è successo anche in Francia negli ultimi anni, al Nizza e all'Olympique Marsiglia. Poi si perde o gli sale l'onnipotenza, o la noia, chissà. Eppure i suoi numeri degli ultimi anni sono stranamente coerenti, e comunque non indifferenti: al Nizza 33 gol su 61 presenze, a Marsiglia 8 gol su 13 partite. Meglio di sempre, quasi al livello della sua prima volta al Milan, 26 gol su 43 presenze. Quasi un gol ogni due partite. Inoltre Balotelli ha dalla sua un'aura misteriosa, qualche cosa di affascinante: un altro giocatore che si fosse comportato come lui sarebbe stato indotto a smettere con il calcio, invece Mario continua a danzare sul bordo dell'abisso, anzi su un filo, intrecciato con la speranza che alla prossima metterà la testa a posto e il bisogno che tutti abbiamo di un personaggio che ci faccia semplicemente sognare. È un fatto, per esempio, che a Manchester non si sono dimenticati di lui: potete trovare in vendita ancora oggi, a 17 euro, taglie bambino incluse, la famosa sottomaglia con la scritta WHY ALWAYS ME?, Perché sempre io?, che il calciatore esibì il 23 ottobre 2011, durante il derby vinto 6-1 con lo United (segnò una doppietta), in protesta nei confronti delle critiche che lo bersagliavano, in particolare dopo che aveva fatto esplodere dei fuochi artificiali in casa sua, causando varie chiamate ai Vigili del Fuoco.

Capitolo «in campo». Sempre ammesso che si possa separare dal capitolo «fuori dal campo». Balotelli fa sempre notizia quando esagera: ha rimediato 11 espulsioni di cui 6 dirette in dieci anni, non sono poche. Leggendaria la prima, nel 2009, in Champions contro il Rubin Kazan, quando giocava nell'Inter del Triplete. Mourinho anni dopo raccontò, quasi ridendo, che a fine primo tempo Balo aveva già sulla groppa un giallo per una scorrettezza, così negli spogliatoi lo aveva pregato: «Mario, io ti lascio in campo ma tu vacci piano, non farti espellere. E lui, secondo tempo, dieci minuti, zac, fallo ed espulsione». Non è un caso quindi, che i suoi cartellini rossi facciano notizia quanto i gol.

Balotelli potrà scendere in campo solo alla quinta di andata, al Rigamonti contro la Juventus, dopo aver scontato le quattro giornate di squalifica rimediate all'ultima dello scorso campionato. Durante Olympique-Montpellier arrivò alla velocità di un treno su Daniel Congré e lo stese con una forbice in scivolata. Fallo notevole ma, mi è sembrato, non veramente assassino: almeno per me, che guardo con favore gli arbitraggi non «signorina», l'energia del calcio britannico e gli incontri dove non si ha paura delle sportellate. L'espulsione diretta più o meno ci stava, ma quattro giornate di squalifica sono troppe. Per la cronaca, al fischio d'inizio del campionato Balotelli si troverà in tribuna in compagnia di altri undici calciatori squalificati lo scorso anno, di cui due vengono da squadre estere (Marko Rog dal Siviglia al Cagliari, Kevin Agudelo dalla colombiana Atletico Huila al Genoa) e quattro dalla Serie B.

A Balotelli bisogna riconoscere che è se stesso sempre, è di una coerenza, se non desiderabile, almeno in questo affidabile. Anche fuori dal campo è prevedibilmente imprevedibile. In una intervista rilasciata in Francia, a Canal+, prima della partita con il Montpellier in cui ha guadagnato la maxisqualifica, aveva detto: «Mi criticano perché non difendo abbastanza, ma sono stupidi perché sanno che non sono un Tévez o un Cavani che pressa ovunque. L'immagine del pazzo me l'hanno data i giornalisti inglesi. Pazzo forse lo sono in campo, perché voglio vincere e sono istintivo, ma fuori sono un tipo tranquillo. Non ho mai preso a freccette nessuno. È vero invece che ho avuto un maiale in casa. Me l'avevano regalato spacciandolo per un maiale nano che poi è cresciuto e così l'ho dato via».

Ecco, Balotelli è «così», non gli si può chiedere di essere il primo ad arrivare agli allenamenti e l'ultimo ad andar via, come la religione Ronaldo. Perché non si può chiedere la stessa cosa a tutti e tanto con lui sarebbe inutile. Fa girare le scatole a chi lo ama, come un fratellino stronzo; e anche a chi lo invidia, perché appena gli vien voglia di muoversi fa cose che agli altri costano fatica e a lui no.

Per questo da tempo vive come ammanettato ai suoi cecchini, gli ex amici, i nemici, i tifosi della squadra in cui gioca in quel momento, i giornalisti, gli amanti del calcio, gli ammiratori del talento e i mai mancanti maestri del ben pensare: i pois rossi dei loro mirini laser gli girano costantemente sulla maglietta, tutti aspettano la prossima cosa sbagliata. Ma Balotelli, oltre che «così», è anche «cosà», cioè tu ti aspetti un'altra marachella e invece lui si smarca facendo la cosa più giusta di tutta la sua carriera: passare al Brescia, tornare a casa, dove c'è l'amata mamma (una delle sue classiche tiritere con i compagni era che non gli «vuole bene nessuno»). I matti ci servono come il pane, prima che il campionato diventi una partita a PES (quella cosa orribile che sembra calcio e si gioca al computer), solo con uno schermo più grande. Ben venga, allora, il Balo a chilometro zero. E io credo, confido, prego, *sperèm*, che per una volta avremo un profeta in patria, visto che fuori patria *mia tat*, dicono a Brescia, mica tanto.

23 agosto 2019

Leonardo Bonucci

E va bene, siamo qualificati per l'Europeo con tre partite di anticipo, nove vittorie di seguito come Vittorio Pozzo, dimentichiamo pure che abbiamo largamente vinto un girone parrocchiale giocando un calcio abbastanza modesto, dimentichiamolo perché credo che Mancini abbia ragione, la nostra Nazionale ha l'acne giovanile, ci sono molti mesi ancora prima di fare sul serio. E a un certo punto magari tornerà anche Balotelli, se farà il bravo, perché di uno che tira giù le porte ne abbiamo bisogno. Per ora, fra molti segnali in contrasto fra loro mandati dai nostri virgulti, una partita via l'altra, si è notato che a brillare di nuovo è uno dei senatori più controversi negli ultimi anni: Leonardo Bonucci, che contro la Grecia ha giocato con la fascia di capitano e in campo è sembrato un regista più che un difensore, e ha superato Del Piero quanto a presenze in azzurro, 92. Mancini, per inciso, è l'allenatore che lo fece esordire in Serie A con l'Inter, il 16 maggio 2006, mettendolo in campo al posto di Solari per i minuti di recupero della partita casalinga con il Cagliari che finì 2-2. Una comparsata che bastò a farlo entrare fra i campioni d'Italia di quell'anno, quando lo scudetto venne assegnato ai nerazzurri in seguito alle sentenze di Calciopoli.

Per raccontare di uno dei calciatori più miracolati, in senso letterale, degli ultimi tempi, mi è necessario entrare in qualche dettaglio della psicologia del mio santo protettore, del quale non sono, per l'appunto, l'unico cliente. Devo premettere quindi che San Culo non si manifesta con chi è privo di talenti e i suoi servigi vanno presto in decomposizione se chi li maneggia è portatore di fioca intelligenza. Inoltre, raramente San Culo manifesta la sua presenza a ripetizione in un lasso di tempo breve: di norma preferisce lanciare un solo dardo fortunato e abbandonare poi il destinatario alle sue normali responsabilità, con un'opportunità aggiunta ricevuta in dono per cambiare il corso degli eventi.

Il caso di Leonardo Bonucci è interessante, perché rientra in questo schema ma è anche un'anomalia. Infatti dopo il tricolore con l'Inter (sono bastati tre minuti, San Culo aveva già fatto capolino) e sette anni di vette con la Juventus (sette scudetti, tre Supercoppe, tre Coppe Italia), nel 2017 è andato in uggia con il tecnico Massimiliano Allegri, con il quale, credendo improvvisamente di essere l'allenatore in campo, aveva avuto un alterco per una questione di sostituzioni durante l'incontro casalingo contro il Palermo, il 17 febbraio 2017. Partita vinta agevolmente per 4-1, fra l'altro. Allegri era già esasperato per la turbolenza di altri giocatori della sua rosa, così Bonucci venne messo in castigo per l'incontro di Champions contro il Porto, poi a fine campionato migrò al Milan (la meta più impensabile, sia per i milanisti sia per gli juventini), pagato dai rossoneri il prezzo più alto di tutti i tempi per un difensore, 42 milioni, dove forse pensava di vendicarsi. Si presentò come leader, ha indossato la fascia di capitano e alla fine è andato malissimo, insieme con la squadra, senza spostare il campionato rossonero di un capello rispetto a come il Milan avrebbe giocato senza di lui; è tornato subito alla Juventus, si è riconciliato con il tecnico, ma, di nuovo, non ha brillato. A 31 anni, sembrava aver imboccato i cancelli del viale del tramonto.

Poi il mio santo gli ha messo tre volte la mano sulla testa. Prima manata: è arrivato Maurizio Sarri. Il quale è un apostolo della difesa a quattro, odia il contatto fisico (che ai margini della propria area è la principale causa di morte per la porta), e soprattutto fa giocare i suoi applicando, almeno idealmente, una zona pura. Questo significa che, rispetto alla tradizione della Juventus, che si difendeva volentieri con una chiusura ermetica alla trequarti, il punto di riconquista del pallone è avanzato di vari metri, con lo scopo di asfissiare i passaggi attraverso cui gli attaccanti avversari avrebbero impegnato la difesa di posizione. Questo metodo si è rivelato inaspettatamente vantaggioso per Bonucci, il quale è un calciatore che non ama molto avere larghi spazi alle sue spalle e, non essendo velocissimo, soffre i fuoriclasse e a inseguire attaccanti che partono all'arrembaggio da lontano rischia di perdere il treno. Inoltre, negli ultimi due anni, in cronico ritardo sul piano fisico, aveva cominciato a perdere i contrasti, volare di lato in tutti i spalla a spalla, a soffrire gli uno contro uno frontali, e il suo sistema di posizionarsi in area davanti all'avversario diretto per avere sempre il vantaggio dell'anticipo quando arrivava un cross non era più molto efficace, per cui se lo perdeva e l'altro gli faceva gol.

Con Sarri, invece, il Bonucci maturo ha potuto valorizzare le sue qualità residue, che sono poi la sua griffe calcistica, e che dieci anni fa lo avevano reso il paradigma del difensore moderno: il presidio assoluto della zona che gli è stata assegnata, la qualità tecnica nel tocco di palla, la capacità di prevedere da dove arriverà e a chi sarà destinato il passaggio, l'uscita dall'area con il passaggio di impostazione in canna.

A Sarri non interessa tanto la marcatura dell'avversario (anzi tende ad annullare i duelli individuali) quanto invece la posizione del pallone rispetto alla porta, per cui richiede ai suoi terzini uno sforzo cerebrale, concentrazione e tempismo. E se la sua squadra deve difendere basso, uno dei difensori va a rompere le scatole a chi sta per crossare e gli altri tre proteggono i due pali e lo specchio della porta. Uno che sa intuire che cosa succederà dentro i sedici metri fa la differenza.

La Juve ha sofferto nelle prime partite il tempo necessario perché i suoi acquisissero gli automatismi di questo sistema, basato sul pressing, sulla difesa alta e la squadra corta, ma già contro l'Atletico Madrid, partita tutt'altro che perfetta, abbiamo visto Bonucci liberare l'area sette volte con un lindore che sembrava preveggenza. E ispirare anche il gol di Cuadrado, con un'intuizione sulle intenzioni degli spagnoli in attacco che gli ha consentito di rompere le righe, portare via la palla a Diego Costa e lanciarla lunga di esterno destro, sontuosamente, a Higuaín dall'altra parte del campo.

Seconda manata del santo. Con la squadra orfana di Barzagli, quando è arrivato il giovane talento Matthijs de Ligt, il destino di Bonucci sembrava di dover giocare con lui la morra campo/panchina una partita alla volta, dando per inamovibile il sempiterno Giorgio Chiellini. Ma a fine estate Chiellini, in allenamento, si è sinistrato il crociato del ginocchio destro, è stato operato e fino almeno a gennaio non lo si vedrà più. Così Bonucci è rimasto solo a presidiare il centro della difesa bianconera, e anche ha ricevuto la fascia di capitano. Terza manata: il giovane de Ligt, che viene dall'Ajax delle meraviglie della scorsa Champions, è un ragazzino con un fisico importante, molte doti e con tutti i limiti del ragazzino. In Olanda giocava un calcio pieno di allegria, incosciente e fanciullesco, che ci ha affascinati: veder giocare l'Ajax dello scorso anno ha fatto bene al cuore di chi ama questo sport, anche se alla fine le hanno prese (gli olandesi sono un po' così, ogni tanto esplodono generazioni che giocano il calcio più felice, aprono strade impensabili che tutti poi seguiranno, ma non vincono mai niente. Ricordate Monaco '74?). Nella Juventus a questo ventenne toccherà diventare grande in fretta, ma al momento sembra impacciato, timoroso, così Bonucci intanto gli giganteggia intorno e nella trequarti della Juventus non ha più rivali.

In Bonucci, insomma, la modernità è invecchiata e poi è ringiovanita. Superato a destra dall'evoluzione del calcio, che è diventato molto più veloce e ai difensori chiede «di base» di possedere le caratteristiche che dieci anni fa avevano fatto di lui un rivoluzionario del reparto, con la zona di Sarri è tornato un pilastro. Succede ai campioni, perché dato che durano nel tempo, attraversano mille fasi, qualcuna vantaggiosa, altre recessive. E succede anche perché Bonucci non ha l'anima del difensore, non si comporta da difensore, non ha il carattere del difensore. Bonucci è nato centrocampista e quello è rimasto, solo venti metri indietro.

Bonucci è nato nel 1987 a Viterbo, nel quartiere medioevale di Pianoscarano e ha cominciato a giocare a pallone appena le gambe hanno iniziato a girare da sole. Ma tutto cominciò veramente quando Carlo Perrone (ex difensore romano che a cavallo degli anni Settanta e Ottanta aveva giocato con qualche fortuna soprattutto nella Lazio, e anche nella Roma), che nel 2003 lo allenava negli Allievi della Viterbese, si trovò senza difensori proprio mentre si doveva giocare uno dei tornei giovanili più importanti, il Pescatori, e la prima partita era contro la Roma. Bonucci si stava distinguendo come centrocampista centrale, ma Perrone aveva bisogno e lo spostò indietro. Finì 3-2 per la Viterbese, e il giovane Leonardo segnò tre gol, dando un assaggio di quello che sarebbe diventato un altro marchio di fabbrica, seguire l'azione d'attacco e sbucare alle spalle degli avversari, mandandoli in confusione. Perrone raccontò che, come tutti i ragazzini, per Bonucci giocare dietro quando si era stati davanti era come essere degradato, per cui il giovane calciatore si lagnò fino a che l'allenatore gli restituì il posto a centrocampo. La Viterbese chiuse il campionato terza dietro Lazio e Roma, davanti alla Ternana, dove giocava un altro che la sapeva già lunga, l'allievo Candreva. L'anno dopo Bonucci giocò perfino centravanti, almeno fino a che non ne arrivò uno vero e allora Perrone lo prese in disparte e gli disse: «Tu puoi fare una carriera importante, ma segui il mio consiglio, spostati a difensore centrale, in quel ruolo hai margini di miglioramento». Si fidò e come è andata a finire è noto.

Bonucci è anche stato uno dei calciatori più detestati: sicuro di sé, a volte prepotente, di sicuro resiliente, pronto a prendersi responsabilità in campo, aggressivo, e con il carattere del tifoso, della Juve, ovviamente. Nel tridente difensivo con Chiellini, Barzagli ha incarnato la rinascita dei bianconeri dopo due settimi posti mortificanti. Non era un predestinato (a inizio carriera era più celebre per gli errori, che vennero chiamati «bonucciate», che per la classe), non aveva il carisma di Buffon né l'aristocrazia di Marchisio, non era un campione, lo è diventato. Il suo gesto di «sciacquarsi la bocca» dopo aver segnato un gol è stato cronicamente polemizzato, una volta gli è stato perfino contestato di aver dato una (impercettibile) testata all'arbitro Rizzoli, ma la curva è sempre stata con lui, perché con quell'aggressività, quell'incapacità di essere diplomatico e di resistere alle provocazioni, è considerato dagli spalti un tifoso prima che un calciatore. Nel 2016, dopo che la Juventus aveva battuto il Napoli 3-1, rispose a un giornalista partenopeo che aveva insinuato quanto la Juve fosse forte solo in Italia e che la differenza la facessero il fatturato della società e qualche errore arbitrale di troppo: «La Juventus che stravince dà fastidio. La differenza è che noi siamo agli ottavi di Champions e voi in Europa League».

Almeno fino a oggi, perché anche in questo Bonucci è un po' cambiato, lo si è visto quando la scorsa stagione, durante Cagliari-Juventus, il virgulto Kean, che era stato beccato da insulti razzisti per tutta la partita, ha segnato il 2-0 (la Juve ne farà altri due) e ha esultato andando sotto la curva avversaria, fermandosi a guardare i volti dei tifosi. Apriti cielo – incredibile – per la reazione di Kean e non per l'atteggiamento cretino degli ultrà sardi. Bonucci, che era quello che dopo aver segnato disegnava un cerchio con il dito intorno al suo viso per simboleggiare «viso aperto», interpellato sulla questione, commentò che Kean aveva sbagliato, che si festeggia con i compagni, e chi non ignora i bulli diventa anche lui responsabile del loro comportamento.

Ah, questi talenti maturi (cioè vecchi) che proprio quando vengon dati per bolliti appena capita l'occasione mettono in fila tutti, quanto mi piacciono. Indovinate perché.

18 ottobre 2019

Giancarlo Antognoni

Per qualche motivo ancora impigliato nell'inconscio, il ricordo primo e più chiaro che ho del Mundial 1982, quello che l'Italia conquistò in Spagna con la vittoria contro il Brasile, anche se la finale si giocò solo due partite dopo, è il gol che fu annullato a Giancarlo Antognoni. Era quello un periodo particolare della mia vita, il mio rapporto con il «Corriere della Sera», nel quale lavoravo come inviato, era agli sgoccioli, scrivevo sotto pseudonimo su «Prima Comunicazione» e di lì a poco avrei assunto la mia prima direzione, a «Bergamo Oggi». In quei mesi professionalmente abbastanza movimentati avevo avuto l'occasione di intervistare, per «La Domenica del Corriere» e per Rete 4 (che era nata da un mese in casa Mondadori), un monumento più che centenario della cultura italiana, Giuseppe Prezzolini, che ero andato a stanare nel suo rifugio a Lugano. In quella conversazione avevo trovato, senza sorprendermene, che il grande vecchio nell'orale corrispondeva al millimetro ai suoi scritti, era uno spirito eretto, parlava senza alcuna cura di piacere, con l'acutezza irta di schegge invisibili del legno tagliato obliquo, togliendo alle parole ogni resina, e quell'incontro penso mi abbia segnato, lo rimuginai a lungo, traendone più o meno consapevolmente una lista di marcatori per graduare la purezza dell'intelligenza.

Era febbraio, e quella lista immaginaria a luglio era bell'e che fatta. Si rivelò utile, valevole anche per il talento. Così, ora torno a quel gol. Il 5 luglio 1982 il regista dell'Italia giocava con la maglia numero 9 e aveva smistato una massiccia quantità di palloni, perlopiù tra la metà campo e la trequarti avanti, dove il suo compito sembrava soprattutto sbrogliare il gioco quando Azzurri e avversari si ammassavano. Grazie al lindore del tocco di palla, alla visione dei movimenti amici sulle parti lontane del campo, era un crocevia ferroviario di quasi tutte le puntate della nostra squadra. Si vinceva già 3-2 e avrei voluto smettere di soffrire, un patema, incluso un mezzo infarto sul salvataggio di Zoff al pelo, sul colpo di testa di Oscar, che anche nel pur trionfale Mondiale del 2006 non ho più provato (ma credo nessuno, fra i «reduci» del tifo divano&tivù in quelle magnifiche giornate).

Antognoni cominciò l'azione, con i verdeoro sbilanciati alla ricerca del pareggio e le marcature presuntuose che segnarono la loro condanna, Rossi in area da destra la lasciò a Oriali che vide il viola staccarsi a sinistra verso la porta, lo servì, destro al volo comodo, palla dentro. L'arbitro Klein, la cui direzione è stata poi discussa per anni, fischiò un fuorigioco che non c'era. È vero che erano altri tempi e non c'era la Var, ma va detto che rispetto a oggi si giocava anche al rallentatore. Quella decisione ebbe conseguenze, non sul risultato, ma sulle coronarie degli italiani sì, e anche sulla carriera di Antognoni. Il quale, frustrato per l'annullamento del gol, si presentò sul campo della semifinale con la Polonia con il dente avvelenato, deciso a riprendersi il maltolto. Troppa foga lo tradì, ammise poi più volte, ricordando quanto gli sia poi bruciato, fino a oggi, non aver giocato la finale, non essere iscritto nel tabellino di quella giornata leggendaria, e nemmeno ritratto nella foto della formazione campione del mondo.

Accadde che dopo aver propiziato il vantaggio con una punizione calciata nel mezzo dell'area sulla quale Rossi arrivò sotto porta così fulmineo che Nando Martellini ci mise una manciata di secondi a discernere come la palla fosse finita in rete, si avventò affamato di risarcimento personale su un pallone al limite dell'area per tirare al volo, mentre il difensore polacco Matysik andava al contrasto. Dallo scontro il piede destro del nostro attaccante ebbe la peggio e il suo Mondiale finì così, sul filo di lana.

Adesso che ci penso, devo tornare a Prezzolini. La cui scrittura, così d'altri tempi, allergica agli orpelli, di un'eleganza segaligna, devota solo al suo obiettivo, ha avuto una sua arbitraria traduzione calcistica nel modo di giocare di Antognoni. Il quale è stato uno dei giocatori più eleganti e fieri tra i titolari della maglia da regista: fisicamente forte, longilineo e danzante, dotato di un tiro deciso con entrambi i piedi, di un dribbling stretto ma non prolungato e soprattutto di visione, aveva in queste sue doti l'antidoto alla lentezza e a un certo narcisismo botticelliano. A volte arrivava a esasperare i compagni, spingendoli alla frenesia, ma per un avversario togliergli il pallone era difficile, perché sapeva proteggerlo con un palleggio superbo e liberarsene prima che cominciasse a scottare: la sua arte poggiava soprattutto sulla concretezza, sulle linee essenziali, sulla scelta della strada più breve per somministrare il passaggio migliore. Non lo si è mai visto dimenarsi come molti campioni tarantolati, non ha mai fatto chilometri inutili.

Lento e preciso, insomma, e sempre a testa alta. Gli esegeti in vena di poesia hanno detto che giocava «guardando le stelle». Non è vero, guardava avanti, come quando si guida. Ed è una caratteristica che colpì gli osservatori fin da quando, quindicenne (è nato a Marsciano, nel perugino, nel 1954), venne prelevato dalla Fiorentina Perugia (nel nome c'era già mezzo destino) dai dirigenti del Torino che lo videro sul campo di Prepo senza neppure l'erba, e senza un ruolo definito. Lo comprarono quasi in saldo, alla «due per uno», con tale Bottausci, che doveva essere quello bravo. Venne messo in campo in un'amichevole e poi spedito ai Galletti dell'Asti Ma.co.bi, in Serie D, che al tempo era la cantera dei granata: il presidente era anche un dirigente del Toro.

Prima di essere chiesto indietro dal Torino, in due anni lo si vide in campo 27 volte, segnò 4 gol. E quando accadde, il giovane Giancarlo fece valere l'opzione dei minorenni, di rifiutare. Scelse la Fiorentina, dove arrivò nel 1972, alla corte dei Pontello che erano appena arrivati, per avvicinarsi a casa. In cameretta aveva il poster di Gianni Rivera, cui sognava di somigliare. Colpa anche di papà, il quale a Marsciano gestiva un bar che era anche la sede del locale Milan club. Prima partita vista: un Bologna-Milan finita 1-2. I tempi, però, cominciavano a richiedere più dinamica nel gioco e nella corsa, che fortunatamente Giancarlo aveva in carnet. E quando venne il momento della prima partita decisiva in carriera, la finale di Coppa Italia del 1975, si trovò davanti, dall'altra parte del campo, proprio l'Abatino. Vinse la Viola 3-2 e così Antognoni, di sicuro senza pensarci, realizzò il più comune motto zen: uccidi il tuo maestro.

Ancora oggi gli analisti non sanno collocarlo bene, se sia stato un Rivera con qualcosa in più o un Baggio (che arrivò dopo) con qualcosa in meno. A me sembra che questa sia una discussione del piffero: la Serie A ha goduto di un treno storico di «dieci», ognuno campione nella sua generazione, tant'è che nessuno di loro oggi reggerebbe alla prova dei tempi.

Nella Viola avrebbe dovuto coprire la cessione di Chiarugi, compito che a meno di 18 anni esponeva a qualche rischio sul tappeto verde e anche sugli spalti, notoriamente caldi. Invece, dopo la partita del 15 ottobre 1972 vinta a Verona, nella quale Liedholm lo mise in campo per la prima volta – da ala destra per sfruttare la freschezza atletica e con la maglia numero 8 (la 10 era di De Sisti, al limite di Merlo) –, Sandro Ciotti, che aveva notato la geometria e la visione di quel ragazzo, chiuse la sua radiocronaca dicendo: «Oggi ho visto esordire un campione».

Non si può dire che Antognoni sia nato con la camicia, e neppure che, tirando le somme, sia riuscito a dribblare San Culo, perché a quel santo non la si fa. Però, quando il mio protettore decise di divertirsi a giocargli scherzi, Antognoni ha barcollato ogni volta ma è sopravvissuto, è diventato un indimenticabile con la bacheca mezza vuota: una Coppa Italia, una Coppa di Lega Italo-Inglese, entrambe nel 1975, un Mondiale, 73 presenze e 7 reti con la Nazionale (esordio contro l'Olanda nel 1974: durante la ricostruzione dopo il disastro di Monaco '74, alle qualificazioni per gli Europei firma l'assist per il vantaggio di Boninsegna, poi Cruijff si sveglia e ciao, 3-1), 341 volte in campo e 61 gol con la Fiorentina (dal 1972 al 1987), con il Losanna 51 partite e 7 reti.

San Culo gli si è messo di traverso almeno quattro volte. Oltre al calcione nella semifinale del Mundial che gli costò un posto in prima fila nel trionfo, l'anno prima un infortunio più grave gli era costato quasi la vita, quando scontrandosi in area con il portiere del Genoa Silvano Martina cadde al suolo esanime, colpito da una ginocchiata alla testa. Il cuore si fermò per una trentina di secondi, la lingua gli si rovesciò in gola. Il medico Pierluigi Gatto arrivò in tempo a rianimarlo. Frattura cranica, 14 partite fuori.

Anche al Mondiale argentino del 1978 aveva giocato in precarie condizioni fisiche, e il suo contributo sommario aveva attratto molte critiche. Un altro brutto infortunio, nel 1984, in uno scontro con il sampdoriano Luca Pellegrini: frattura scomposta di tibia e perone, gli costò tutta la stagione. E poi il suo secondo rammarico, lo scudetto sfumato all'ultima giornata nel 1981-82 contro la nemesi viola, la Juventus, lo stesso anno della botta in testa. Alla Fiorentina, che giocava a Cagliari, venne annullato un gol regolare di Graziani, e intanto i bianconeri vincevano a Catanzaro con un rigore tirato da Brady.

Antognoni, che pur essendo stato corteggiato dagli Agnelli (anche dalla Roma, a dire il vero) non ha mai ceduto alle sirene, commentò anni dopo, beffardo: «Forse non doveva finire con uno spareggio perché incombeva il Mondiale e in Nazionale c'erano sette, otto giocatori della Juve e cinque della Fiorentina». Chiuse la carriera facendo un paio d'anni tranquilli al Losanna, «per preparare l'uscita di scena». A Firenze ha avuto tutti i ruoli dirigenziali possibili, se ne andò nel 2001 per una incomprensione con Vittorio Cecchi Gori quando venne esonerato il tecnico Fatih Terim, con il quale era amico. In «esilio» alla Federcalcio fino al 2017, oggi è di nuovo «club manager» della Viola.

Ho già scritto, qualche puntata fa, che il presidente italoamericano Rocco Commisso mi piace, così cinematografico alla Sergio Leone. Ma ancora di più mi piace, anzi mi commuove, vedere la tradizione di una squadra che non vince e non si piega, che non ha cambiato neppure la maglia, incarnata ancora in Giancarlo Antognoni, con i capelli più corti ma non di molto, con la faccia che nelle foto è quasi la stessa delle figurine Panini, solo un po' meno enigmatica, a fianco di Montella che sembra dover rimontare tutte le domeniche, e di quella curva che non si disamora mai.

1° novembre 2019

Urbano Cairo

Belotti ha fatto altri due gol che sono valsi la conquista di Roma contro i giallorossi, quindi viva Belotti e viva il Torino, mio figlio Mattia che è di solida fede granata è felice. Ma sapete chi segnalò Belotti a Urbano Cairo? Io. Meglio, io e mio fratello Ariel, che di calcio è un infallibile esperto. Cairo capì al volo e non se lo fece ripetere due volte, gabbando così l'Atalanta, che inspiegabilmente lo aveva scartato quando giocava nell'AlbinoLeffe, ed era già un portento anche se tecnicamente ancora un filo grezzo, e persino l'Inter. Che lo visionò ma non ebbe fiducia, quando io lo consigliai alla società nerazzurra per sdebitarmi, perché tempo prima mi aveva risolto un piccolo infortunio: era trapelata la notizia che Figo aveva ammazzato un gatto e io, che guai a toccarmi i gatti, mi ero affrettato un po' troppo ad arrabbiarmi per iscritto. La notizia era risultata non vera, il calciatore mi aveva querelato. Poi i dirigenti erano intervenuti e la questione si era chiusa con una stretta di mano. Belotti al tempo costava 500.000 euro, finì al Palermo.

Ho già scritto più volte, con ammirazione, che Urbano Cairo è uno che non sbaglia un colpo. Ha certamente avuto un maestro di una certa qualità, Silvio Berlusconi, alla cui corte è nato come pubblicitario, e poi ha seguito la traccia a gessetto dei suoi contorni, almeno fino a un certo punto (anche solo perché dall'ombra di Silvio è destinato a debordare, è alto 1,75, cioè non un gigante, ma comunque dieci centimetri in più): squadra di calcio, televisione (La7), editoria (Mondadori), settimanali e quotidiani («Corriere della Sera»). Quando era studente alla Bocconi, chiamò Edilnord e chiese del Cavaliere. La segretaria non glielo passò. Richiamò e disse: «Ho due idee eccezionali, se non le posso spiegare al dottor Berlusconi lei rischia di fargli un danno». Ottenne un appuntamento con Dell'Utri e infine con Silvio. Le due idee erano «informazione» e «interconnessione». Berlusconi gli rispose che le aveva già avute lui, ma il ragazzo gli piacque e lo volle al suo fianco. Per tenerlo «basso», lo chiamava «aspirante assistente».

Quando nel 1995 fondò la Cairo Pubblicità, Urbano teneva i colloqui di lavoro al bar milanese Sant Ambroeus, poi mise un annuncio sul «Corriere» e fece dei biglietti da visita con un occhio come logo, in campo rosso: «Dagli occhi di una persona si capisce tutto». Berlusconi una volta aveva detto di lui a Montanelli che i suoi occhi emanavano bollicine di intelligenza, e Montanelli gli aveva risposto, sbagliando: «Se segue i tuoi ritmi, le bollicine scompariranno».

Le bollicine, infatti, sono rimaste lì: avendo un talento proprio e un carattere praticamente opposto al suo maestro, per non dire delle inclinazioni politiche, Cairo almeno fino a ora ha evitato di compiere il passo estremo, quello di scendere in campo. Una volta si sbilanciò dicendo che avrebbe voluto rinascere Berlusconi, poi lo chiamarono Berluschino, cosa che gli dava molto fastidio: nel 2013, quando gli venne riformulata la domanda, ritrattò: «Vorrei rinascere Urbano Cairo». A Silvio e Veronica Lario, come dono di nozze, regalò un ritratto d'autore fatto dipingere per l'occasione, che raffigurava... lui.

Enrico Mentana ebbe un colpo di genio quando lo descrisse così, sulla linea politica del Tg che conduce su La7: «A Cairo importa della qualità delle trasmissioni e dei ricavi pubblicitari. Sulla politica, ha fatto sua la massima di Deng Xiaoping: non importa se il gatto è bianco o nero, basta che mangi il topo». Topo o no, La7, fra Gruber e Formigli, a me sembra una succursale di Botteghe Oscure...

Apparire gli piace poco, rilascia poche interviste, parla malvolentieri e per filosofia preferisce fare cose e lasciare che si annuncino da sé. E poi non è per niente prodigo, mentre, come si sa, la politica è un fondo perduto di uscite finanziarie. Attento anche alla cancelleria, ha lanciato un intero gruppo di settimanali popolari ed è riuscito nell'impresa di risanare il «Corriere». Quando, dopo aver acquistato La7 nel 2013, diede uno sguardo ai conti, gli prese un colpo vedendo che i taxi erano costati 500.000 euro nel solo anno precedente. L'emittente perdeva 100 milioni l'anno: «Mentre mi lavavo le mani in bagno ho pensato: ci ho messo un minuto, ho perso mille euro». Otto mesi dopo era in pareggio. Quando nel 2016 prese il controllo di RCS, avocò a sé tutte le deleghe: «Quando esce un euro, voglio sapere esattamente perché e come».

Anche Massimo Ferrero, patron della Sampdoria, lo prese in giro per la parsimonia: «Ha i soldi di cioccolato, quando li mette in tasca poi si squagliano e spariscono». E perfino io ho fatto le spese della sua scaltrezza e attenzione alla moneta: nel 1994 lui era a capo della pubblicità Mondadori io dirigevo «il Giornale». Raddoppiai le vendite e, ovviamente, bussai a quattrini alla sua porta. Mi rispose: «Non ti do una lira». Litigammo ma non ci fu niente da fare. Cinque anni dopo fondai «Libero», che non navigava in acque calme, e con Urbano avviai un negoziato per averlo in società, al termine del quale venne stabilito che io avrei sborsato 200 milioni di lire per rifinanziare l'attività. Lo feci, ma di quei soldi persi ogni traccia, e anche di lui. Da allora l'ho rincontrato varie volte, ci siamo parlati sempre amichevolmente, ma quei denari, che avrei voluto indietro, non erano mai con lui.

Va detto che Urbano Cairo ha anche dei difetti, dice di essere disordinato e impaziente, ma la verità è che certe cose se le può dire solo lui: è patologicamente permaloso, si arrabbia anche quando gli si dice che è spettinato. Una volta in un'intervista a «ItaliaOggi» dissi che non avrebbe fatto bene a scendere in politica, non solo per tutti i rischi, ma anche perché nessuno conosce il suo nome, e aggiunsi: mia moglie, per esempio, pensa che Cairo sia solo la capitale dell'Egitto. Non mi parlò più per molto tempo. Ogni grande uomo ha qualche debolezza: per esempio, Urbano ama essere ossequiato, quando passa bisogna usare il turibolo e aspergere d'incenso la via sulla quale cammina (ecco, adesso mi toglierà il saluto di nuovo).

Nel calcio, che è un altro pozzo senza fondo, è di un'astuzia ferina nel trasformare in virtù l'abissale distanza che corre fra la sua mano e la tasca che custodisce il portafoglio. Quando il Toro, a ottobre, ha vissuto una delle sue crisi di gioco, culminate nel 3-3 contro il Verona dopo essere stato in vantaggio per 3 a 0, Cairo, sordo alle geremiadi dei tifosi, non ha avuto esitazioni a confermare Walter Mazzarri «almeno» fino al termine della stagione, quando sarà tempo istituzionale per trattare il rinnovo di contratto. L'esperienza del Milan con Giampaolo e il dopo-Giampaolo e del Napoli con Ancelotti e il dopo-Ancelotti insegna che non è affatto scontato che il nuovo sia meglio del vecchio. Inoltre, tenersi sui conti societari il peso di due allenatori invece di uno è spendere senza avere garanzie di ritorno, anche perché Mazzarri era stato per lungo tempo un suo pallino e il suo presidente non si sarebbe mai dato per vinto al primo scivolone. E poi, di più bravi (e a buon mercato) in giro non ce n'erano.

I due peggiori nemici di un buon amministratore sono la fretta e la paura, e Cairo, che è forse il miglior amministratore italiano, non è affetto da nessuno dei due. Quando, alla fine del campionato scorso, è uscito brevemente allo scoperto per rassicurare i tifosi scocciatori sulla riconferma di Belotti, ha aggiunto: «L'obiettivo è dare continuità ai risultati di quest'anno, credo sia giusto confermare tutta la squadra. Anche il grande Torino è rimasto quasi immutato e questo la dice lunga su quanto sia importante la continuità quando hai giocatori forti». Sacrosanto: se non hai le forze per avere venti titolari, devi puntare sul gruppo. Ci si mette di più e i cali sono più vistosi, ma è un fatto che da quando Cairo guida il Toro i granata non hanno più sofferto guardando il basso, ma solo guardando verso l'alto della classifica, che dista ancora un tantino così. Inoltre, a puntare sul gruppo si spende di meno, perché cambiare o comprare un giocatore è sempre un rischio, un calciatore può far bene da una parte e male da un'altra per una incalcolabile quantità di motivi e di sfumature.

Sullo stesso Belotti, qualche mese fa, ha detto: «È un grande fenomeno del Torino, segna e fa segnare i compagni. Anzi,» ha poi aggiunto «lui e Zaza si passano persino troppi palloni, a volte è bene anche essere più egoisti», cioè passarsi troppo la palla non è economico, tirare e fare gol, sì.

Come calciatore, manco a dirlo, Urbano Cairo era un «veneziano», per sua stessa ammissione, un'ala destra che si teneva la palla allo spasimo, non la passava mai e dribblava tutto quello che aveva a tiro. Amava Claudio Sala e aveva una fervida ammirazione per Gianni Rivera, ma la passione per il Torino gli venne inoculata da sua mamma Maria Giulia.

Cairo è così, punta sul rischio più calcolato e non lo fa vedere a nessuno, è paziente e accorto, quindi alla fine sembra un miracolista. Ma in realtà il talento che gli permette di sfruttare tutti gli altri talenti che ha è la freddezza, unita al senso pratico, forse dovuto a tutte le estati passate a raccogliere barbabietole con il nonno e lo zio: «Ho sempre sognato di prendere il Torino, ma non ho mai sognato di prendere il Real Madrid».

Giocare d'anticipo, cioè puntare sui giovani, e non rincorrere il colpo di scena, sono le due chiavi filosofiche di Cairo, con buona pace della curva granata che, non essendo diversa da tutte le altre, vorrebbe vedere i suoi in testa alla classifica della A, almeno ai quarti in Champions e fare cinque gol a partita (purtroppo per loro una squadra che li fa c'è, non la nomino neppure, dico solo che non è di Milano, è nerazzurra e ho degli orgasmi sportivi ogni domenica).

Dunque, per il mercatino di gennaio i nomi su cui il suo direttore sportivo Massimo Bava ha puntato gli occhi non sono da primo pagina, ma due classe 1999, Gianluca Scamacca, che è del Sassuolo e gioca in prestito all'Ascoli, e Andrea Pinamonti che è del Genoa, ma per ora i rossoblù fanno resistenza. La società punta anche sulle qualità del diciannovenne Vincenzo Millico, un Insigne in erba che viene dal vivaio granata e potrebbe finire a farsi le ossa al Chievo.

Se ho visto giusto, per come lo conosco, Urbano Cairo scenderà in politica quando si ghiaccerà l'inferno. Il suo posto ideale, ovviamente, sarebbe il centro. È fiero nemico di Reddito di cittadinanza e Quota cento, perché considera, a ragione, che non si possa fondare la rinascita di un Paese sui sussidi e sul pensionamento delle persone. Ma ha visto nascere e finire nell'indifferenza gente ben più attrezzata di lui, come Stefano Parisi con Energie per l'Italia, Luca Cordero di Montezemolo con Italia Futura, Corrado Passera con Italia Unica, Flavio Briatore con quel suo Movimento del Fare. È una strada lastricata di guai e nessun vantaggio, per non dire delle spese: incalcolabili, imprevedibili. Due parole, anzi tre, che Urbano Cairo (fidatevi di uno che ancora non ha elaborato il lutto per quei duecento testoni) non ha nel suo efficace, implacabile, trionfale vocabolario.

10 gennaio 2020

Walter Zenga

Non sono sicuro che il presidente del Cagliari Tommaso Giulini abbia fatto la scelta migliore, esonerando Rolando Maran dalla panchina rossoblù. Proprio su queste pagine, a fine novembre, quando il Cagliari aveva collezionato 24 punti in 12 partite, avevo ribadito un'idea che sostengo da sempre e che corrisponde al mio modo, antico se volete, di intendere lo sport: non si toglie il timone al capitano appena il vento volge contro la barca. Soprattutto quando la barca non è una corazzata, e il Cagliari non lo è.

Sapevo allora e avevo subito avvertito che i sardi, una delle margherite fiorite tra le lastre di cemento delle big, prima o poi avrebbero cominciato a perdere, come accade quasi sempre in Serie A alle squadre «fenomeno inatteso anzi rivelazione» dei gironi di andata. È successo anche al Verona, e anche di più al Bologna: ma Mihajlović non è in discussione, e non ditemi che accade perché Siniša, esempio di coraggio nella malattia nonché fenomeno mediatico di rara positività, è una bandiera che sventola molto oltre lo stadio. È che quando sei una squadra media con risorse medie, è facile che tu faccia un campionato medio, anche se non necessariamente anonimo: così è possibile che riesca un filotto di risultati al di sopra dei propri mezzi e perfino che si rifilino sgambetti inaspettati a qualche presuntuosa; ma poi tutto viene immancabilmente restituito alla normalità quando arriva la calendariale catena di inciampi consecuti-

vi. Perché alla lunga Davide non batte mai Golia, al massimo può mettergli un dito nell'occhio. Ma non è forse anche questo il sapore del calcio, l'alternarsi di sogni senza speranza, di dolce e di aspro che nessun palato può separare?

Così, come previsto, i mesi sono passati, le grandi hanno cominciato a fare sul serio, ma Giulini, che aveva sentito il dolce profumo dell'Europa League, non si è adattato all'aspro – per modo di dire – della mezza classifica, ha deciso di non aspettare che il saporaccio passasse, ed ecco che è stato scritturato Walter Zenga. A ben pensarci, credo che, pur nella cattiva idea generale di cambiare tecnico a metà percorso, scegliere proprio Zenga sia stata una buona idea. Una cosa che salta all'occhio, tanto per cominciare, è che l'attuale stagione calcistica dei Quattro Mori ha avuto un andamento che ha varie analogie alla carriera da allenatore dell'ex portiere dell'Inter. E danzare all'unisono a volte dà buoni frutti.

Il Cagliari di quest'anno, infatti, è partito a razzo nonostante gli infortuni del suo attaccante migliore, Pavoletti, e del portiere Cragno, rimpiazzati con Simeone e Olsen, e io stesso non ho potuto resistere alla simpatia che il gioco esaltante e pieno di gol dei sardi ispirava, mi ricordavano la prima esplosione di qualità dell'Atalanta, tanto da scriverne di slancio lo scorso autunno, dopo il 5-2 inflitto alla Fiorentina.

Poi le cose sono cambiate nel giro di due mesi: quattro sconfitte consecutive contro Lazio, Udinese, Juventus e Milan, dieci gol al passivo e due segnati, e una zoppìa difensiva dalla quale la compagine isolana non si è più ripresa, pareggi contro Brescia, Inter e Parma, altre sconfitte con Genoa, Napoli e Roma.

La parabola di Zenga da allenatore ha qualcosa di non dissimile: affetto da un nomadismo in linea con l'irrequietezza del personaggio, nel 2005, con il patentino da soli cinque anni, ha conquistato lo scudetto romeno alla guida dello Steaua Bucarest, l'anno seguente è passato allo Stella Rossa e ha vinto il campionato serbo-montenegrino e la coppa nazionale, battendo anche il primato di vittorie in casa. Poi ha cominciato a dare segni di nervosismo. Nel 2006, in Turchia, al Gaziantepspor, dove si trasferisce ingolosito dall'ingaggio, dura da giugno a dicembre poi se ne va pagando anche la penale per la rescissione del contratto, per trasferirsi, a inizio 2007, al Al-Ain, negli Emirati Arabi Uniti, che porta alla finale della Coppa del Presidente. A settembre è di nuovo a Bucarest, però alla Dinamo, e a novembre è già dimissionario.

Quando torna in patria sembra che la fortuna stia girando di nuovo e conquista due salvezze consecutive in Serie A con il Catania, una subentrando in corsa a Baldini e la seconda con il record di punti per gli etnei, 43. Poi qualcosa si inceppa di nuovo: passa all'altra sponda della Sicilia, al Palermo, batte Napoli e Juventus, ma poi la squadra cala vistosamente e cinque mesi dopo il suo arrivo Zamparini lo esonera.

Zenga nel 2010 riparte per il Golfo e allena l'Al-Nassr di Riad, poi l'Al Nasr (sono due squadre diverse e quest'ultima ha una «s» sola) di Dubai, poi l'Al Jazira, ancora una squadra emiratina. Torna in Italia e nel 2015 succede a Mihajlović alla Sampdoria, ma il suo gioco non funziona e a novembre, esonerato, è di nuovo negli Emirati, all'Al-Shaab, che lascia ultima in classifica a febbraio. L'estate seguente prova con il Wolverhampton, in seconda divisione inglese, a ottobre è già a casa. A dicembre 2017 torna alla Serie A, rileva la panchina del Crotone, che però non riesce a trascinare fino alla salvezza. A ottobre 2018 siede su quella del Venezia, che dopo un saliscendi di risultati a marzo è ancora quartultima, per cui gli viene preferito Serse Cosmi.

Questa non è una carriera, è un toboga, ma ognuna delle esperienze di Zenga allenatore è caratterizzata da successi e sconfitte rilegate strettamente, con entusiasmo e sfiducia che si alternano da far girare la testa.

È dunque un esercizio d'osservazione sterile vedere, a partire dalle rispettive storie, analogie e compatibilità fra il vorticoso Walter e i vortici del Cagliari? Se anche fosse una forzatura, una cabala senza costrutto, va bene lo stesso perché rivedere Zenga all'opera mi mette allegria e credo porterà spettacolo (che nell'attuale, plumbea contingenza nazionale non guasta). Vedremo. Però è già capitato che matrimoni sportivi cominciati con un «boh» si siano trasformati in cavalcate luminose grazie a dettagli extratecnici, di natura ambientale, tanto quanto uomini ritenuti di qualità assoluta su qualsiasi panchina sono incappati in periodacci, perfino Guardiola è stato esonerato due volte...

Poche righe fa ho detto «scritturato», non a caso. Perché Walter Zenga è sempre stato un personaggio cinematografico, un grande irregolare in campo e fuori dal campo e forse per conseguenza è «irregolare» anche la memoria popolare sul suo conto. È stato votato miglior portiere al mondo per tre anni consecutivi, dal 1989 al 1991, nella classifica della Federazione internazionale storia e statistica del calcio. Ma del «suo» Mondiale, Italia '90, nessuno ricorda i 517 minuti di fila senza prendere gol, mentre tutti hanno in mente l'unico errore: l'uscita volante troppo corta che consentì a Caniggia di pareggiare con la nuca la semifinale Italia-Argentina, gol che aprì le porte alla sconfitta nel torneo che l'Italia ospitava e che avremmo «dovuto» vincere. Non ammise mai di aver sbagliato, era alieno al suo carattere. Spiegò così: «Solo Maradona ha capito tutto, la verità è che è stato bravo Caniggia. È riuscito ad anticipare la mia idea di anticipare lui».

Quell'episodio lo perseguitò al punto da scatenare una memorabile litigata televisiva con il giornalista sportivo Enrico Varriale, al tempo in cui Zenga allenava il Catania, che non aveva mancato di punzecchiarlo. Era uno dei momenti migliori per il tecnico milanese, che aveva trasferito la sua guasconeria anche negli schemi degli etnei. Proprio prima di quella intervista, infatti, il Catania aveva battuto 3-2 il Torino anche grazie a una punizione poco fuori dall'area calciata da Mascara (benissimo, probabilmente sarebbe stato gol in ogni caso) con uno schema non del tutto ortodosso. Il Catania infatti schierò una seconda barriera alle spalle di quella granata, e subito prima della rincorsa di Mascara i giocatori, in particolare l'attaccante Gianvito Plasmati, si tirarono giù i pantaloncini mostrando il sedere al portiere.

Il designatore degli arbitri Collina mise a tacere le polemiche sentenziando che il gesto non era stato elegantissimo, ma il regolamento non lo vietava.

D'altra parte, Zenga anche fra i pali è sempre stato uno a modo suo. L'opposto di Rinat Dasaev, l'estremo difensore russo al quale a fine anni Ottanta, e per gli eredi dei Novanta, ci si riferiva interprete quasi perfetto del ruolo (Gianni Brera, però, non era d'accordo). Dasaev era un architetto del posizionamento preventivo, per cui si buttava meno che poteva ed era affatto spettacolare, ed è stato un gran comandante della difesa. Walter invece era abbastanza attendista prima che la palla si muovesse, ma reattivo come un aspide all'arrivo del pallone, velocissimo sui rasoterra e felino sulle palle alte, più forte tra i pali che nelle uscite, per le quali andava meglio a terra e a valanga che saltando (Caniggia…); è stato una delizia per gli spalti e un incubo per gli attaccanti sui tiri ravvicinati, e anche per Platini, al quale, come i più giovani possono godersi in varie collezioni presenti su YouTube, ha parato di tutto da ogni posizione.

Ma proprio quella posizione, nel senso del ruolo del portiere, è quella di uno che vede la prospettiva del campo per il lungo, che aspetta per minuti le cavalcate d'assalto del nemico, che guida i movimenti di due o tre calciatori e il resto lo vede da lontano. Secondo lo scrittore Sandro Veronesi, il portiere tifa segretamente per l'avversario, che gli arrivi addosso, perché la sua sfida è «Te le paro tutte»; per cui non ha una mentalità da tattico, perché se un portiere è il migliore in campo c'è poco da stare allegri.

Zenga è uno dei pochissimi ad aver scelto la carriera in panchina, sfidando il dibattito sulla scarsa attitudine dei portieri a diventare allenatori: in effetti, se si esclude Zoff, i più forti hanno perlopiù scelto di proseguire nel calcio con ruoli di staff tecnico. È un limite insormontabile? Secondo Zoff c'è un certo pregiudizio sulla preparazione tattica, secondo Gianluca Pagliuca le carenze endemiche al ruolo sono evidenti. Luca Marchegiani, d'accordo con Zenga, dissente sulle obiezioni: «Il portiere ha il vantaggio di una visuale libera, può studiare i movimenti degli attaccanti, conosce gli schemi che fanno andare in difficoltà la sua difesa».

Walter Zenga torna ancora oggi in viale Ungheria, a Milano, dove è cresciuto, perché ci abita suo fratello. Nel 1969 giocava nella periferica Macallesi, che era la sua Inter, conquistata dopo lunghi pomeriggi di pallone nei cortili e negli oratori, falsificando la data di nascita (si fece tesserare dicendo di essere del 1959 invece che 1960) perché se avevi meno di 10 anni non potevi fare agonistica. Lo portava alle partite suo padre Alfonso, che poi lo guardava dalla linea laterale senza dire una parola.

Oggi Zenga a Cagliari ha l'occasione di far rinvenire un gruppo che ha un buon valore e, non avvezzo al successo, ha probabilmente smarrito solo lo spirito. Che lo faccia proseguendo sull'impronta di Maran, o modificandola verso il suo classico 4-3-3, poco importa. Perché potrei scommettere che in cuor suo cercherà di farsi bello agli occhi dell'Inter (il tabellino: 473 presenze, uno scudetto, una Supercoppa italiana, due Coppe Uefa), per la quale non ha mai smesso di sospirare. «Il giorno in cui l'Inter mi chiamerà potrò pure morire» disse una volta. Era già stato una quasi-prima scelta di Moratti per il dopo Mourinho, ma poi vennero presi prima Rafa Benítez e poi Leonardo. Quando l'anno seguente venne esonerato Gasperini la curva fece a lungo il suo nome, e invece arrivò Claudio Ranieri.

Ora, dopo tanti anni potrebbe vedere di nuovo da vicino l'amata nerazzurra, in classifica le due squadre non sono poi così lontane. Intanto bisogna ricominciare a giocare bene, vincere, arrivare nelle prime sei. Poi chissà, il Cagliari potrebbe essere il Cyrano nel triangolo romantico di cui Walter Zenga è Cristiano e l'Inter è la sua Rossana.

13 marzo 2020

Fabio Cannavaro

Leggo che Fabio Cannavaro dopo una visita a Dubai è rientrato in Cina, dove vive, e poiché ha il passaporto italiano è stato subito messo in quarantena per 14 giorni, e penso che Cannavaro non è un cinese, di cui dalle nostre parti si dice che tanto quelli obbediscono a tutto, mentre noi, supponenti più che libertari, non obbediamo a niente, continuiamo a corricchiare per i parchi ammassandoci belli sudati, griffati e colorati come se fossimo degli sportivi, a portare i cani a fare il giretto assembrandoci nelle aree apposite per i nostri amici quattrozampe che si salutano, si nasano e non si ammalano, però noi sì: ma evidentemente oltre a pensare di essere gli sportivi che non siamo, pensiamo di essere cani: e a questo punto direi che un po' cani lo siamo.

Cannavaro, dicevo, che non è cinese e quindi è al di sopra di ogni sospetto, è un italiano di Napoli che abita e lavora nel Paese da cui il virus proviene, ha visto tutto dall'inizio e anche lui ci ha ammonito più volte di stare in casa, che in Cina le cose sono migliorate, neppure risolte, solo migliorate perché hanno usato e useranno «regole dure fin quando il virus non sarà sotto controllo. Io ogni giorno devo provarmi la febbre e mandare i dati alla polizia. Non credo che in Italia ne usciremo presto, anche perché il picco in Italia non è ancora arrivato...».

E allora io, che per Fabio Cannavaro ho sempre provato una notevole ammirazione sportiva, penso che per una volta dovremmo stare a sentire un calciatore che non ripete le tiritere da calciatore, «l'importante è la squadra, che decide il mister e che si farà trovare pronto se lo chiama»: perché Cannavaro è stato uno sportivo atipico, quanto è sempre stato un italiano atipico, un napoletano atipico e oggi è un allenatore atipico: venne venduto al Parma (facendo la fortuna dello squadrone gialloblù con Buffon e Thuram) un attimo prima di esplodere dal suo Napoli a causa dei debiti dei partenopei e da allora è stato un Ulisse del pallone che non è mai ritornato alla sua Itaca; ha vinto da allenatore il campionato cinese con il Guangzhou Evergrande alla fine di una stagione in cui era stato esonerato a tre giornate dalla fine, mandato a uno strano «corso di cultura aziendale», e poi reintegrato dopo aver scritto una relazione di riflessioni con cui ha convinto i proprietari. Il suo commento? Da spallucce: «Per loro è normale, fanno sempre così. E poi io in Cina sto facendo la gavetta».

Il miglior giocatore di tutti i tempi nato a Napoli, una città dai sentimenti così radicali da farne una nazione a sé, insomma, non è stato profeta in patria se non a giochi fatti, con il Mondiale del 2006 e il Pallone d'Oro in tasca (oltre al FIFA World Player lo stesso anno), che commentò con modestia, citando Gigi Buffon che gli arrivò dietro: «Se ho vinto è anche merito suo, perché qualche errore che ho fatto al Mondiale me lo ha coperto lui».

È stato forse il Pallone d'Oro di assegnazione più difficile, perché Cannavaro era un difensore, e prima di lui nel ruolo era stato assegnato solo a Franz Beckenbauer, regista della vittoria tedesca a Monaco nel 1974, e all'altro tedesco Matthias Sammer nel 1996; ma ancora più difficile perché entrambi erano più centrocampisti che difensori, con più chance di impressionare folle e giudici. Il primo, un calciatore totale che vinse contro il calcio totale della bellissima Olanda di Cruijff; il secondo, un libero con grandi doti tecniche che passò nel 1992 per l'Inter di Osvaldo Bagnoli che non lo sopportava perché non stava mai dove lui lo metteva e si spostava sempre in attacco a cercare il gol; e in effetti, quando già era tornato in patria al Borussia Dortmund ne fece due agli Europei vinti dalla Germania nell'anno in cui ebbe il premio.

Fabio invece era un difensore vero, ma impossibile da classificare in campo se non per la posizione: alto 1,75 per 75 chili, aveva capito da bambino, guardando giocare Maradona, che gli attaccanti più forti quando arrivano sulla palla diventa difficile controllarne la giocata, puoi anche fermarli mille volte, ma la volta in cui ti superano sei fritto. Ragion per cui bisogna prevenire che ciò accada, ma per fare questo, spiegò una volta, «bisogna ragionare come il fuoriclasse, che pensa prima che il pallone arrivi. Ecco, io cerco di leggere le giocate prima, per anticiparle. Anche questa è arte».

Lo è eccome, e l'anticipo, come l'esplosività di una molla che gli consentiva anche di averla vinta di testa su gente ben più alta e piazzata di lui, è stato la sua firma stilistica, una forma estetica di gioco del calcio raffinata e quasi invisibile, ma senza una seconda possibilità: l'anticipo è un gesto unico che se non riesce è subito una papera. E ha la sua estrema espressione nella scivolata, che Fabio ha imparato da scugnizzo, sotto l'ala di Ciro Ferrara, l'incontro umano decisivo per la sua formazione: la scivolata è un gesto matematico, dev'essere calcolata, decisa e pulita, senza puntar mai alla gamba dell'avversario. Del giovane Fabio capisce il talento Cesare Maldini, ai tempi dell'Under 21 campione d'Europa nel 1994 a Montpellier e nel 1996 a Barcellona contro la Spagna che davanti ha Raúl, ed è lui a dare i ritocchi finali alla tecnica della giovane promessa: «Il difensore che fa rimbalzare il pallone per terra è un uomo morto» è il suo comandamento alla spaghetti-western. E infatti i due si ritrovano nel 1997, esordisce in Nazionale maggiore il giorno in cui l'Italia va a Wembley a prendersi una vittoria storica contro l'Inghilterra, firmata da Gianfranco Zola. Cannavaro è titolare a fianco di Ferrara, disorientano la star di casa, il centravanti Shearer, non gli fanno mai arrivare la palla, si gridano istruzioni in napoletano stretto, uno spettacolo da balcone a balcone sul vicolo della linea difensiva.

L'anticipo fa impazzire gli attaccanti, e infatti al Mondiale 1998 in Francia, quando incontriamo i transalpini ai quarti di finale, il centrattacco Guivarc'h non la prende mai e a un certo punto gli rifila una gomitata sotto l'occhio destro da quattro punti di sutura. Cannavaro torna in campo bendato e Guivarc'h di nuovo non la rivede mai, fino al 120°. Perderemo solo ai rigori. All'Europeo del 2000, drammaticamente perso al golden gol con la Francia, dopo la semifinale vinta ai rigori contro l'Olanda Patrick Kluivert disse: «Contro Cannavaro ho visto l'inferno, anche loro erano in dieci».

L'anticipo di Cannavaro è così artistico da diventare un'ispirazione per l'attacco: nell'anno meraviglioso, il 2006, in semifinale del Mondiale contro la Germania, agli sgoccioli dei supplementari siamo 1 a 0 grazie a Fabio Grosso, i tedeschi premono, Cannavaro intercetta un cross da sinistra e poi anticipa Podolski che cerca la porta e avvia il contropiede, che da Totti arriva a Gilardino e a Del Piero che chiude la partita.

La Nazionale è stata la vera squadra di club di Cannavaro, 136 presenze, 79 da capitano, primato forse imbattibile. Quando la stanza 202 di Coverciano, che ha abitato come seconda casa per 14 anni, è stata occupata da Chiellini e Quagliarella, i due lo hanno chiamato al telefono in segno di rispetto. Nei club ha vinto meno, Napoli, Parma, Juventus, Real Madrid, poi ancora Juventus ma già in declino, poi il finale di carriera con l'Al-Ahli in Arabia Saudita e al Siliguri in India dopo… un'asta di calciatori. 515 presenze fra Italia e Spagna, 12 gol. Una Coppa Uefa, due Coppe Italia e una Supercoppa italiana con il Parma, due scudetti e una Supercoppa spagnola con il Real.

La sua specialità di eroe postmoderno, di esaltare, esasperare i difetti tecnici e caratteriali dell'avversario, nasce già nelle partitine fra bambini che gioca nel parcheggio dietro lo stadio Fuorigrotta. Secondo di tre fratelli (anche il più piccolo Paolo è stato calciatore di vaglia), è figlio d'arte. Anzi, la leggenda cittadina dice che papà Pasquale sia stato anche più forte di lui, almeno fino al giorno in cui, entrando in cucina, Fabio poggia la Coppa del Mondo sul tavolo e dice:

«Pasqua', guarda che ti ho portato». Papà, infatti, quando nel 1973 mamma Gegè partorisce il primo figlio, gioca in terza serie con il Banco di Roma e lo chiamano «Giraffa», perché è un re dell'anticipo e di testa le prende tutte lui.

Smette di giocare per tenere dietro ai figli e a Fabio toglie borsone e completo del Napoli Allievi ogni volta che gli porta a casa un brutto voto. A 8 anni Fabio entra nell'Italsider di Bagnoli e a 11 è al Napoli, dove vince subito il campionato Allievi. Chi sognava per lui un futuro da barista, Antonio Arenoso, papà della fidanzata Daniela (che diventerà sua moglie e gli darà tre figli) e titolare del bar Monnalisa a Fuorigrotta, dietro la curva B, resta deluso: Fabio fatica quanto può (poco) sui banchi, poi corre a Soccavo a guardare allenarsi Maradona e Careca. Viene preso come raccattapalle allo stadio e guardando quei campioni raccoglie tutte le conoscenze che può, ma entrare in confidenza porta fortuna a metà: il brasiliano un giorno gli rovina la Vespa verde che Daniela gli presta per andare più in fretta, perché non capisce come si usa il cambio al manubrio della motoretta.

Fabio è sincero, sorridente, tenace ma anche emotivo: a 14 anni sbaglia un rigore decisivo a una finale regionale e si porterà dietro il trauma fino al Mondiale 2006, quando dirà a Marcello Lippi: «Se ci sono i rigori, io tiro dopo i massaggiatori». Il carattere è forte, quando la Primavera gioca una partitella con la prima squadra, gli tocca la marcatura di Maradona: lo tiene dietro, interviene una, due volte, finché un dirigente lo riprende. Ma Diego invece ne benedice il futuro: «Bravo, va bene, si fa così».

Il tecnico delle giovanili Angelo Sormani lo segnala a Ottavio Bianchi, il quale lo inserisce una volta in prima squadra il 7 marzo 1993, per un Juve-Napoli che finisce 4-3. Quando a fine anno il Napoli vende tutti, Careca, Zola, e Fabio rischia di finire in prestito all'Acireale in Serie B, Marcello Lippi, che dopo aver fatto bella figura all'Atalanta è passato al Parma, lo vuole e lo lancia a settembre in Torino-Parma, dove Cannavaro non fa vedere palla a Benny Carbone. È l'inizio di una storia che li farà rincontrare ogni volta per vincere, il Parma, gli Azzurri.

Sembra semplice, e forse lo è. Perché il difensore postmoderno, che è stato la figurina Panini simbolo degli anni Zero, più del Pallone d'Oro è stato orgoglioso del FIFA Men's World Player, il premio decretato dagli addetti ai lavori che ancora una volta lo hanno preferito agli attaccanti. A volte anche chi sta dietro ha un grande destino: a proposito di figurine Panini, ricordate l'immagine stilizzata della rovesciata per decenni sulla copertina dell'album? Era Carletto Parola, campione della Juventus degli anni Quaranta e Cinquanta, chiamato da Giovanni Arpino «Nuccio Gauloise» per le troppe sigarette. Carletto Parola non era un goleador, era un difensore, e quella fantastica acrobazia, all'80° di Fiorentina-Juventus giocata il 15 gennaio 1950, tolse la palla dalla linea della sua porta, altrimenti ormai vinta.

20 marzo 2020

Mondadori Libri S.p.A.

Questo volume è stato stampato
presso ELCOGRAF S.p.A.
Stabilimento - Cles (TN)

Stampato in Italia - Printed in Italy